辽宁省教育厅 2020 年科学研究经费项目
释意理论视角下中国文化特色词口译策略研究

释意理论视角下
中国文化特色词口译策略研究

高芳　著

吉林大学出版社

·长春·

图书在版编目（CIP）数据

释意理论视角下中国文化特色词口译策略研究 ／ 高
芳著.— 长春 ：吉林大学出版社，2022.8
　ISBN 978-7-5768-0350-1

　Ⅰ．①释… Ⅱ．①高… Ⅲ．①中华文化－英语－口译
－研究 Ⅳ．① K203 ② H315.9

中国版本图书馆 CIP 数据核字（2022）第 165900 号

书　　名：释意理论视角下中国文化特色词口译策略研究
　　　　　SHIYI LILUN SHIJIAO XIA ZHONGGUO WENHUA TESECI KOUYI CELÜE
　　　　　YANJIU

作　　者：高 芳 著
策划编辑：邵宇彤
责任编辑：刘 丹
责任校对：杨 平
装帧设计：优盛文化
出版发行：吉林大学出版社
社　　址：长春市人民大街 4059 号
邮政编码：130021
发行电话：0431-89580028/29/21
网　　址：http://www.jlup.com.cn
电子邮箱：jldxcbs@sina.com
印　　刷：三河市华晨印务有限公司
成品尺寸：170mm×240mm　　16 开
印　　张：13.5
字　　数：203 千字
版　　次：2022 年 8 月第 1 版
印　　次：2022 年 8 月第 1 次
书　　号：ISBN 978-7-5768-0350-1
定　　价：78.00 元

前　言

在全球一体化和文化多元化的时代背景下，各国家和民族之间的跨文化交际活动越来越频繁。随着综合国力的日益提升，中国与其他国家和民族在政治、经济、文化、外交等领域的交流与合作也日渐增加。翻译是这些跨文化交际活动中必不可少的行为，而口译更是提高跨文化交际效率的行为活动的代表，口译是不同语言和文化之间的实时交流。语言承载着文化，而在所有的语言要素中，与文化关系最密切的就是词汇，词汇中最能体现一个国家或民族文化特点的就是文化特色词。中国文化特色词承载着中华民族的文化内涵，在跨文化交际活动中传播着中国文化的价值观念、思维模式、行为准则，因此，有关中国文化特色词的口译研究就显得尤为重要。

根据释意理论的观点，翻译是一种交际行为，口译员在口译交际实践活动中进行的不是简单的语言代码的转换，而是对源语言篇章意义的再表达。在口译实践活动中，意义的传达是第一位的，语言的具体形式是可以改变的。这一观点对中国文化特色词口译的策略研究具有深刻的指导意义。

本书以释意理论为指导，以中国文化特色词的口译理论与方法应用为研究对象，共分为六章。第一章主要阐释了释意理论的诞生、发展与相关概念、释意理论的翻译程序及翻译评价标准等方面的内容；第二章对口译的定义、特征、分类以及发展历程、实践技巧进行了详细介绍；第三章对文化特色词的相关概念进行了界定，并分析了文化特色词产生

1

的原因，对中国文化特色词进行了分类；第四章从全球化背景下的跨文化交际、语言与文化的关系、翻译与文化的关系三个角度论述了文化特色词口译研究的必要性；第五章依据以上理论与背景知识对中国文化特色词口译的理论、原则和方法策略进行了论述；最后一章选取了具有代表性的中国文化特色词，分析了它们在释意理论指导下的具体口译方法和应用。

　　本书在论述的过程中力求语言简洁，逻辑通顺，论述合理。但由于作者能力有限，书中还存在诸多不足之处，有待进一步完善，恳请广大读者批评指正。

目　录

第一章　释意理论概述　　　　　　　　　　　　　　　　　　　1

　　第一节　释意理论的诞生与发展　　　　　　　　　　　　　1

　　第二节　翻译及释意理论相关概念　　　　　　　　　　　　17

　　第三节　释意理论的翻译程序及翻译评价标准　　　　　　　25

第二章　口译的理论和实践　　　　　　　　　　　　　　　　　40

　　第一节　口译的基本认知　　　　　　　　　　　　　　　　40

　　第二节　口译理论概述　　　　　　　　　　　　　　　　　55

　　第三节　口译的发展历程　　　　　　　　　　　　　　　　63

　　第四节　口译实践技巧　　　　　　　　　　　　　　　　　76

第三章　文化特色词与中国文化特色词　　　　　　　　　　　　93

　　第一节　文化特色词的相关概念　　　　　　　　　　　　　93

　　第二节　文化特色词产生的原因　　　　　　　　　　　　　103

　　第三节　中国文化特色词及其分类　　　　　　　　　　　　114

第四章　文化特色词口译研究的必要性　　　　　　　　　　　　124

　　第一节　全球化背景下的跨文化交际　　　　　　　　　　　124

　　第二节　语言中的文化信息解读　　　　　　　　　　　　　134

　　第三节　翻译和文化的关系　　　　　　　　　　　　　　　145

第五章　释意理论下中国文化特色词口译策略　　　154

　　第一节　中国文化特色词口译指导理论　　　154

　　第二节　中国文化特色词口译原则　　　166

　　第三节　释意理论下中国文化特色词口译具体策略　　　169

第六章　释意理论下中国文化特色词口译方法应用　　　178

　　第一节　中国物质文化特色词译法　　　178

　　第二节　中国古诗词的译法　　　185

　　第三节　中国成语与古语的译法　　　193

　　第四节　中国俗语与谚语的译法　　　197

参考文献　　　206

第一章　释意理论概述

第一节　释意理论的诞生与发展

一、释意理论的诞生

（一）释意理论诞生的摇篮

释意理论（the interpretive theory 或 the interpretative approach）又称达意理论（the theory of sense），诞生于 20 世纪 60 年代末法国巴黎高等口笔译学院（ESIT），该学院成立于 50 年代后期，80 年代晋升为著名的巴黎第三大学下属高校，是全世界第一所有权授予翻译硕士学位和博士学位的高校，也是当今全球顶级的翻译学院之一。ESIT 致力于培养各个领域的专业翻译人员，尤其是专业口译以及同传人员。它的教学目的不是帮助学生提高外语水平，而是使学生熟练使用语言这一翻译工具实现交流的需要。因此在学生入学时，ESIT 就要求学生有接近母语熟练程度的外语水平。然后由专业、严谨的教师教授学生真正的翻译技能，ESIT 培养出来的翻译人才被称为业界标杆，能快速适应不同国家不同行业的工作。

ESIT 不同于其他高校的是它没有本科学位，只有硕士学位和博士学位，硕士学位又分研究型硕士和职业型硕士，研究型硕士相当于博士预科，培养的是想要深入研究翻译理论的学生；职业型硕士针对想要学习翻译技能的学生开设，也是大多数学生的选择。学院分口译、笔译、法语手语翻译三个系别，囊括法语、英语、汉语、西班牙语等多个流行语种。口译系学制两年，第一年学习即席翻译，第二年学习同声传译，每周总课时约 24 小时。口译系学生在修读本系核心课程之余，还要学习经济、法律、语言学、翻译理论、术语学等课程。通过毕业考试者获得"高等专科文凭"（DESS）。该校的首任校长达尼卡·塞莱斯科维奇（Danica Seleskovitch）教授就是释意派翻译理论的创始人。

（二）释意理论诞生的时代背景

在研究语言的进程中，有些学者认为翻译就是信息的传递，这个观念有一定的道理但不完全正确，翻译不能用信息理论解释，因为涉及翻译的人类交际行为不只是形式信息的机械传送，更是意义和情感的交流表达。还有很大一部分专家认为翻译可以划入语言学领域，因为翻译属于语言的沟通。

释意理论派认为，19 世纪主要研究的词源、历时语言学对翻译学研究没有很大的借鉴意义，20 世纪的共时、描述和对比结构语言学以及探究言语深层结构的生成语言学虽然在一定程度上推进了机器翻译的发展，使机译变得更加准确、流畅，但由于他们的研究范围不包括有独立思想的能控制语言理解和转达的译者群体，因此，无论哪种语言学理论都不能科学地解释复杂的翻译现象。

还有一些口译理论的研究学者希望能找到优秀的翻译家在源语言与目的语之间灵活切换的原因，探索涉及的相关学科的理论。在当时的时代背景下，他们研究了若干个相关的学科流派，都没有找到自己想要的答案。例如除了语言学派之外，实验心理学研究的重点是不切实际的人为因素；生成心理学的兴趣中心在于译者的心理过程；神经心理学在没有考虑个体译者的独特性及译者的智力水平差异的前提下，解开了有关记忆研究的一些难题：如记忆过程中的大脑是如何运转的，记忆是如何记录情感等非言语信息的。神经心理学的研究成果虽然没有解开翻译家是如何工作的这一谜题，但为翻译理论的形成奠定了基础。其他学科流派各有所长，虽然不能完整地解释翻译的程序，但均为释意理论的形成提供了可以借鉴的观点。

（三）释意理论的创始人

达尼卡·塞莱斯科维奇出生于 1921 年的法国，1931—1939 年期间在德国完成了中学课程，随后又回到巴黎继续学习翻译，先后获得德语和英语的教学学士学位以及巴黎高等商业学校会议口译文凭。塞莱斯科维奇 1950 年开始投身于翻译工作，直到退休。她对翻译工作的热爱和贡献也使她获得了许多荣誉奖项。图 1-1 为塞莱斯科维奇的翻译从业经历及她获得的部分荣誉奖项。

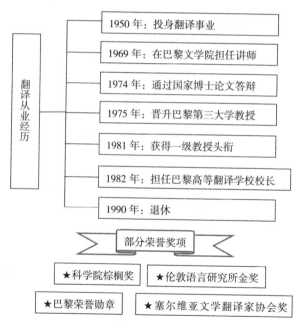

图 1-1　塞莱斯科维奇的从业经历及部分荣誉奖项

塞莱斯科维奇在多年的从业过程中曾为法国总统戴高乐（国家元首）、法国驻美国大使馆（外交组织）、华盛顿国际原材料大会（工业组织）等上百个不同的人、不同领域、不同行业的组织机构服务，因此积累了丰富的翻译口译经验。

这些宝贵的经历使她对言语科学产生了浓厚的兴趣。然而言语科学当时流行的研究方向是语言比较和翻译结果，人们对于口译研究和翻译过程的研究并不十分看重，但塞莱斯科维奇却对具有鲜明交际特点的口译和复杂的翻译过程很感兴趣，因此，尽管研究对象和方法与当时的派别有很大的出入，在研究过程中也受到了诸多质疑，但她还是把口译研究和翻译过程研究坚持了下去。

（四）释意理论的诞生和释意派形成的标志

1968 年塞莱斯科维奇发表《国际会议译员——会话与交际问题》，标志着释意理论的诞生。这本专著系统地介绍了口译的相关概念，并结合认知科学理论和言语研究的成果，区分了口译与口语的具体差异，阐述了口译翻译的三个阶段和影响口译者翻译效果的各类因素，为释意理论的发展奠定了基础。她提出，一名成功的口译者除了要掌握良好的语言知识和翻译理论外，还应具备良好的认知能力，能快速适应工作岗位，学习运用与工作主题相关的言语词汇、百科知识，同时不断提升自身的各项素质，总结、积累工作经验。

1975 年，塞莱斯科维奇的博士论文《言语、语言和记忆——交传翻译的笔记研究》描述了在交传翻译中记笔记的重要性以及如何记笔记的方法技巧，并分析了这些方法技巧与翻译者对接收信息的理解、表达之间的密切关系，还提出了口译研究应以原始的言语资料为研究基础的观点。这篇文章的发表为 ESIT 口译训练模型的发明与完善提供了理论支持。[①]

1981 年，塞莱斯科维奇的学生玛利雅娜·勒代雷（Mariana Lederer）所著《同声传译——经验与理论》出版，该书将同声传译从口译大概念中特别区分出来，提出了解释并指导同传工作的重要概念——意义单位，表示同传工作的核心就是要注意意义单位从源语言到译入语的理解与再表达。《言语、语言和记忆——交传翻译的笔记研究》和《同声传译——经验与理论》是释意理论学派形成的标志，自此，ESIT 成为释意派理论

---

① 张吉良.当代国际口译研究视域下的巴黎释意学派口译理论 [D].上海：上海外国语大学，2008：54.

的研究中心和口译研究的重要基地。[①] 表1-1是释意理论的诞生及与释意学派的形成相关的著作总结。

表1-1　释意理论的诞生及与释意学派的形成相关的著作

著作名称	作者及出版时间
《国际会议译员——会话与交际问题》	达尼卡·塞莱斯科维奇，1968年
《言语、语言和记忆——交传翻译的笔记研究》	达尼卡·塞莱斯科维奇，1975年
《同声传译——经验与理论》	玛利雅娜·勒代雷，1981年

二、释意理论的发展

自20世纪80年代以来，释意理论发展迅速，取得了令人振奋的研究成果，释意派的代表学者们先后发表了多本有价值的翻译学著作，引起了世界范围内的关注。结合释意理论发展的特点和本书研究的重点，我们从两个角度分析释意理论的发展历程，一个是释意理论研究内容的精进以及研究范围的扩大，另一个是释意理论在中国的发展应用。

（一）释意理论研究发展简述

1. 释意理论的"意义"研究

20世纪60年代末，翻译学家们针对翻译理论的研究处于起步阶段，此时结构主义语言学派占主导地位。最早的翻译理论著作是学者穆南编写的《翻译的理论问题》。穆南只是依据语言学知识解释翻译问题，其研究成果还不能起到良好的借鉴作用。这时赛莱斯科维奇发现当时所有研究翻译理论的著名学者的研究重点都是翻译语言转换上的问题，对于人在翻译中的作用和地位还没有明确的定义。依据多年的实践经验，赛莱斯科维奇认为翻译不只是简单的语言运作，翻译人员的认知也是值得研究的。

---

① 袁伟红.释意理论视角下会议口译中热词的口译策略研究 [D].福州：福建师范大学，2016：87.

事实上，能将一种语言完全翻译成另外一种语言，同时保证语义完整和中心思想不变，甚至让听众感受到源语言的情感内涵，是十分困难的。经过思考，她选择深入研究言语和记忆机能之间的关系。记忆机能是翻译工作中译者应当具备的最基本的能力。此释意理论把理论研究加入到了译者的翻译工作过程中，使原来的静态研究进入动态研究阶段。释意理论认为在语言翻译过程中译者更应注意言语的"意义"，而不是语言表面的含义。释意理论在发展的初期阶段在"意义"层面研究的主要问题有：

（1）意义是如何产生的？语言和非语言因素在意义的产生中起到了什么作用？

（2）语言的外部因素与陈述的关系是什么？

（3）听众/读者之前的认知知识对意义的构建起何种作用？

（4）陈述提供的认知环境有什么作用？

（5）理解之后产生的意义应该如何表达？

释意理论的观点是："意义"是源语言与译者对源语言的认知情况结合的产物，意义的产生是译者输出翻译的前提条件，没有这个前提，便不能翻译出源语言想要表达的含义。释意理论还通过实验提出了具体情况具体分析的翻译方法，该方法认为，篇章文本的整体意义、比喻概念等翻译应采用意义对等的翻译方法，意义单一的词采用语言对应的翻译方法。译者的最终任务是采用明喻或者暗喻的方法实现篇章意义的对等。①

勒代雷也认可能实现篇章意义的翻译方法，她指出，传统的语言翻译只是字词对等的翻译，而释意理论下翻译的含义则是与源语言意义对等的翻译。② 根据这个观点，勒代雷随即提出了释意理论的"意义单位"概念，认为意义单位是最小的翻译单位。

随后为了更好地观察承载意义的语言和意义的关系、词汇使用和思想体现的关系，以及人脑的运转与思维记忆的关系，释意派开始研究会议口译，因为口语翻译除了要求译者掌握丰富的知识、有良好的心理素

---

① 刘和平.翻译学：口译理论和口译教育[M].上海：复旦大学出版社，2017：113.

② 玛丽雅娜·勒代雷.释意学派口笔译理论[M].刘和平译.北京：中国对外翻译出版公司，2001：36.

质、强大的记忆力和随机应变的能力外，还要能很好地处理语言和意义之间的关系。释意派著作《口译训练指南》一书中也提到职业译者翻译的对象应是交际意义，而不只是语言的表面含义。[①] 至此，释意派对"意义"概念的阐述已经非常明确了。

1991年，释意派著作《翻译的忠实概念》一书出版，此书的作者——著名的释意派代表人物安帕罗·于塔多·阿尔比（Amparo Hurtado Albir）加深了人们对释意理论中意义的认识，并介绍了七个在翻译中经常出现的十分重要的概念，如图1-2所示。

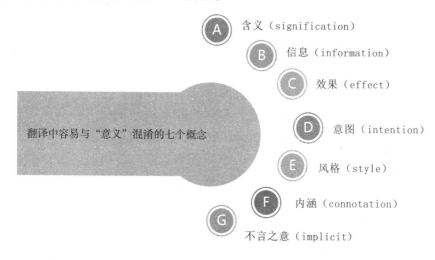

图1-2　翻译中容易与"意义"混淆的七个概念

这些概念有时很容易与意义的概念混淆，阿尔比因此分析了它们与意义概念的不同之处：[②]

（1）含义（signification）/现实化含义（signification actualise）与意义。从语言学的角度来看，含义是语音与语义之间的关系。每个单词都有相对应的独立的一个或多个概念，这些概念不受语境的限制而存在，属于单词的潜在含义范畴，此时的含义概念具有开放性、多样性特点。而含义一旦受具体语境的束缚，就将变得具体化、现实化，这称之为词汇的

---

① （法）塞莱斯科维奇，（法）勒代雷.口译训练指南[M].闫素伟，邵炜译.北京：中国对外翻译出版公司，2011：234-238.

② 许钧，袁筱一.当代法国翻译理论[M].武汉：湖北教育出版社，2001：104-106.

现实化含义。现实化含义被语言的使用者用来构建更深层次的意义，是意义不可缺少的一部分，但不是全部。在阿尔比看来，意义的组成还受其他非语言因素例如来自使用者外界的因素的影响，因此含义与意义不能一概而论。

（2）信息（information）与意义。语言学的现代信息论所涉及的研究内容十分广泛，包括言语的语法、语义、语用等方面。很多人受信息论影响认为意义等同于语言所传递的信息，这是不正确的认知。文学作品中的文学体裁能很好地体现信息和意义的差别，如同一个故事可以用小说的方式叙述，也可以以诗歌的形式展现，接受者接收到的是相同的信息，但很明显小说包含的意义会更广泛、更特殊。

（3）效果（effect）与意义。此处的效果指的是译者在翻译话语或译文作品时希望话语受众或译作读者能感受到与源语言受众、读者相同的内容，承接原作品在原作读者身上起到的效果。但接受语言信息之后的结果与效果，是不确定的，它引发了被受众理解的意义。同一话语或文本在不同的受众身上，所起到的效果往往是不同的。因此译者在翻译作品时，不仅要注意避免出现与原作者意图不相符的翻译效果，也不能加入带有个人感情喜好的翻译方法、意见。

（4）意图（intention）与意义。忠实于原作和原文作者的意图是释意理论"忠实原则"的重要组成部分，但意图是进行翻译的出发点，意义是理解意图后的产物，二者的含义是不同的。原作者的意图是衡量原作意义的重要尺度，但不能被称作翻译的意义。

（5）风格（style）与意义。与前几对关系不同的是，风格与意义通常是不容易混淆的含义，而是形式与内容这对矛盾的代名词。形式与内容之间密不可分，这两项内容通常一同出现，没有先后顺序。在输出翻译时，译者也不能先输出内容，再输出形式，言语或者文本的翻译受众是同时接受信息的形式与内容的。总而言之，内容和形式总是作为一个整体被接受、被理解、被输出。阿尔比特别强调，在释意翻译过程中，"去除语言形式"阶段就是指形式（风格）与内容一起被去除语言外壳。

（6）内涵（connotation）与意义。翻译学家乔治·穆南与拉德米拉尔都曾在自己的著作中论述过内涵这一定义，他们认为内涵是翻译过程中无法忽视的一个概念。翻译理论学家鲍提埃在此基础上提出内涵具有不稳定的特征，与之相反的是外延作为语言符号的稳定性及社会化特征。但在阿尔比看来，内涵虽重要，但只是意义的重要组成部分，不能代替意义成为翻译的翻译目标之一。

（7）不言之意（implicit）与意义。不言之意与言明之意相对应，组成语言使用过程中体现的一个特性。言明之意翻译出来较为容易，不言之意是言语的精华所在，关系到译文读者理解的准确性，要和言明之意一同翻译出来具有一定的难度。一般译者不会采用直译的方法翻译不言之意，而会选择用一个新的容易理解的语言外壳包裹住这层含义。

综上所述，阿尔比认为意义"是多种因素共同作用下的一种综合特性"，而"相同因素在不同的文本类型中所起的作用也有所不同，例如在诗歌体裁中风格和内涵因素会比较突出，而信息因素在科技文章中的地位显而易见"[①]。此处阿尔比所说的意义和我们在翻译实践过程中所理解的意义含义基本一致。至此释意理论对意义的研究由一个综合的概念开始逐步细分，逐渐完善，对翻译工作中意义的处理起到了很好的指导作用。

2. 释意理论的研究领域和研究成果

（1）研究领域从口译到笔译。释意理论将口译作为研究翻译理论的基础。在交际过程中，"非语言化的思想趋于成熟和准确，听众的反应不断反馈到讲话人那里。讲话时的交际环境非常理想，文章时常缺少的篇章参数在口语表达时全部呈现：交际行为的重要成分交际者在场；双方处于共同的场合、时间、信息输出和接收环境中，并拥有正在讨论的主题知识"[②]。讲话人和听众即时参与的交际环境有利于信息的及时传递，也加大了即时翻译的难度，因为译者要不受场合环境的影响，在十分有限的时间内，迅速理解交际者讨论的主题内容，传达的情感，然后用对方能接受的语言形式表达出来。但在笔译中，译者遇见问题有较多的时间去寻求解决办法。

释意"理解"过程的心理变化活动在口译和笔译时差别不大，唯一不

---

① Amparo Hurtado Albir. La notion de fulélité en traduction[M]. Paris: Didier Erudition, 1990 : 71-85.

② 刘和平. 翻译学：口译理论和口译教育 [M]. 上海：复旦大学出版社，2017 : 249.

同的是，在口译实践中，这种心理活动更容易被观察到。在接收信息时，译者不会对承载信息的语言进行过多的分析，而是用有声语链迅速唤起自己大脑中已经存在的语言知识和认知知识，结合语境以及交际环境等外部因素，形成对篇章交际意义的理解和判断。尤其是译者在听到时间较长的讲话时，记住的不是按照讲话顺序排列的每一个单词，而是所有讲话内容体现的交际意义。

从 70 年代末到今天，释意学派逐步把口译研究和笔译研究、教学研究结合在一起，取得了一定的研究成果。该研究成果表明，口译和笔译遵循的翻译原则是相同的，释意理论同样适用于笔译研究。基于此理论，1978 年，让·德利尔博士第一次运用释意模式进行文章的翻译；1984 年，他出版了《篇章分析翻译方法》，不同于以往，这是释意派第一本研究笔译的专著。他在文中分析了实用文章翻译以及翻译教学的原则、方法，丰富了翻译教学的指导理论。

同年，赛莱斯科维奇和勒代雷合作出版了《释意翻译》，这既是一本讲述翻译理论的书籍，又是一部口译教学教材。整本书的内容可以分为四部分：首先是翻译的理解和表达过程，这部分内容借鉴了语言学、逻辑学、心理学的知识；其次是口译和笔译的相同之处与差别比较；再有就是口译的分类，以及交替口译与同声传译的基本规律；最后还有指导口译教学的教学大纲。1989 年，赛莱斯科维奇和勒代雷两人又共同出版了《口译训练指南》，这本书系统地介绍了语言翻译、话语翻译同篇章翻译的区别，强调了口译研究的重要性并分析了其对言语科学的贡献，最重要的是论述了培养口译人才的原则和方法。这是释意派首次将释意理论研究成果运用到实际的教学活动中，对 ESIT 口译教学的进一步发展意义重大。1994 年勒代雷教授又在《现代翻译——释意模式》中介绍了许多释意理论指导下笔译的例子。①

（2）从篇章翻译到文学作品的翻译。释意理论的研究、应用领域从篇章的翻译到科技翻译、法律翻译，再到电影翻译、文学翻译，不断发展扩大。其中克里斯迪娜·杜里厄的《科技翻译教学法基础》讲的就是释意理论指导下的科技翻译和翻译教学。作者杜里厄还提醒译者应注意

---

① 刘和平.翻译学：口译理论和口译教育 [M].上海：复旦大学出版社，2017：244.

翻译之前要准备好与主题相关的知识，并论述了理解和表达之间的关系。① 而对文学作品的翻译更是释意理论走向成熟的标志之一。由于文学作品基本都是虚构的，且作品中的美学难以表达，导致有的学者认为释意理论可能只适用于实用文章的翻译但不一定适合文学作品的翻译。

为了论证此观点，释意学派发表了多篇论文，出版了很多专著，找到了保持文学作品特点的唯一途径：那就是原文形式越重要，译者越需要在理解原文的基础上摆脱原文形式，寻求新的对等的意义表达方式。这种途径得到了很多学者的认同。随着时代的发展，越来越多的人在研究如何用释意理论翻译电影字幕、小说剧本、广告文案等文学特征显著的文学作品。

（3）涉及语言的多样化发展。翻译研究表明，虽然不同语种的词汇表达、句式结构、语言体系各有特点，但语言所传递的意义是相通的，人类的情感是相通的，意义和情感传递的前提是概念与语言形式的分离。还有一些学者根据交际理论研究成果，研究讲话时眼神、表情、手势等身体动作对意义形成的影响。在释意理论发展过程中，有些学者认为该理论只适用于特定语系，如拉丁语系分支下的拉丁语、意大利语、西班牙语、葡萄牙语、法语等。实际上，随着研究者队伍的日益壮大，研究者的语言能力不断发展，释意理论研究涉及的语言也已扩大到近 20 种，甚至包括部分非洲语言。1990 年，收录近 20 名释意理论研究人员的论文集《翻译学研究》横空出世，展示了释意理论在多个行业领域和多个语言之间的翻译应用。1994 年，手语翻译也成为释意学派的研究内容。

（4）释意理论的跨学科研究。释意理论的发展不是闭门造车、故步自封，从释意理论诞生之日起，研究人员就借鉴了神经学、心理学、哲学语言学等学科的研究理论。释意学派从一开始就主动面向其他学科，如在与一些语言学家的争论过程中，批判他们的观点和看法，或者同相关领域的专家合作，获得理论支持。图 1-3 为释意理论后期的跨学科研究涉及的学科理论。

---

① 许钧，袁筱一．当代法国翻译理论 [M]．南京：南京大学出版社：1998，189．

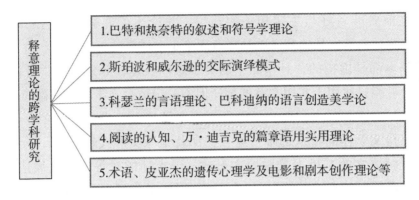

图 1-3　释意理论的跨学科研究涉及的学科理论

与此同时，由于 ESIT 本身是世界闻名的翻译培训机构，并且一些学生之前从事的就是翻译教学相关工作，释意理论因此不会缺少有关翻译教学与培训的研究，如职业翻译教学、翻译教师培训和语言教学阶段的翻译教学。

以上四点是释意理论发展过程中研究领域和研究成果的变化，具体的分类如表 1-2 所示。

表1-2　释意理论研究领域和研究成果的具体分类[①]

研究领域	研究成果
翻译理论研究	翻译的忠实性 翻译的自由 翻译的再创造性 言语与翻译 母语译成外语的问题 翻译理论与实践的关系 翻译理论与培训的关系 建立翻译学术语
口译	交替传译 同声传译（含媒体口译和不同语言间的接传） 手语翻译（哑语）

① 刘和平.翻译学：口译理论和口译教育 [M].上海：复旦大学出版社，2017：244.

（续 表）

研究领域	研究成果
笔译	实用文章翻译 文学翻译（含古典文学作品、诗歌、电影剧本、配音、字幕等） 法律翻译 科技翻译 广告翻译（含标题翻译） 复译 作者自译 文字游戏翻译 编译 科技术语翻译
培训	职业翻译教学 翻译教师培训 语言教学阶段的翻译教学／教学翻译
语言	法语、英语、德语、意大利语、汉语、韩语、西班牙语、泰语、俄语、保加利亚语、希腊语、塞尔维亚语、葡萄牙语、阿拉伯语等

（二）释意理论在中国的发展

1. 释意理论的传入和初步发展

20 世纪 70 年代末期，毕业于北京外国语学院法语系，曾获得法国艺术与文学骑士勋章的翻译家孙慧双翻译出版了赛莱斯科维奇的《口译技巧》，此书首次提到了释意理论的概念，这是释意理论传入中国的标志。随后经过国内众多翻译学家的努力，释意理论从 90 年代初开始在中国翻译学界迅速传播，并得到越来越多的认可和支持。翻译学家鲍刚、刘和平等人曾留学 ESIT，他们在学习和吸收法国释意派的理论基础之上，结合自己的翻译实践，对释意理论展开了深入的研究，取得了有价值的研究成果。这些研究成果丰富了释意理论的理论体系，促进了中国翻译特别是口译的发展。

1992 年，孙慧双翻译了赛莱斯科维奇和勒代雷的《口笔译概论》，这是原作译文的第二版。1996 年，刘和平在 ESIT 获得博士学位后回国，带回了勒代雷教授著作的中文译稿。1998 年，她在许钧主编的《当代法国翻译理论》中用了一章的篇幅来介绍释意理论，首次把"释意派"的名称介绍到了中国翻译学界。刘和平还曾在中国翻译类专业杂志中系统地介绍了释意派的理论基础和其在口译实践中的运用，她统一了释意派专业术语的中文译名，是最早认可并传播释意理论的学者之一。

同年，翻译家鲍刚（毕业于 ESIT）在《口译理论概述》一书中依据释意理论的"脱离源语语言外壳"观点，结合心理学、语言学、信息理论及思维理论知识，回答了翻译口译学的一系列基础问题，如译者应具备怎样的双语水平、口译的程序是什么等；翻译家蔡小红（毕业于 ESIT）用释意理论对口译的过程进行了分析，她关注口译过程中译者能力的发展、精力的分配及思维的运用，她提出的交传过程模式从新的视角出发，再次发展了释意理论。

2. 释意理论的进一步发展

进入 20 世纪，随着释意理论在中国的传播，越来越多的中国学者接触到了释意理论，中国学者对释意理论的研究也逐步深入，从理论论证到实践应用，从口译应用到文学翻译、电影翻译等，取得了令人瞩目的研究成果。

2001 年，刘和平在《中国翻译》上发表的《释意学派理论对翻译学的主要贡献——献给达尼卡·塞莱斯科维奇教授》① 一文系统地介绍了释意理论的诞生及其理论特点；2006 年，她又发表了《法国释意理论：质疑与探讨》②，文中详细地介绍了释意理论的发展历程，肯定了释意理论对翻译学的贡献，也指出了释意理论当时的缺点，如缺乏科学性，认识论与方法论的关系不明确等。

2007 年，吴小力用释意理论分析了 2006 年外交部部长李肇星和国务院总理温家宝的两场政府记者招待会中交替传译的文本，提出了适用于外交会议的口译策略：提炼整合源语言有用信息，重组原话语逻辑；理解源语言的文化内涵，注重情感表达。除此之外，他还提出了采用释意理论训练口译的方法。③

2008 年，李瑛发表了有关外交场合中华古诗词翻译的论文，指出了

---

① 刘和平.释意学派理论对翻译学的主要贡献——献给达尼卡·塞莱斯科维奇教授 [J].中国翻译，2001（04）.

② 刘和平.法国释意理论：质疑与探讨 [J].中国翻译，2006（04）.

③ 吴小力.记者招待会的口译和释意理论——兼谈释意训练 [J].中国科技翻译，2007（02）.

释意理论中剥离源语言外壳观点对古诗词翻译的重要性。①

　　同年，张吉良总结了释意理论的核心观点，利用跨学科知识解析了释意理论的三角模型，同时，对理论存在的问题——如何把握好"释意"的度，即如何处理好译者所理解的意思与讲话人想要表达的含义之间关系的问题进行了探讨。②

　　此外，龚龙生于 2008 年相继发表了期刊文章《释意理论对我国口译研究的影响》③和《从释意理论看口译研究》④。在前一篇文章中，他分析了中国口译研究的现实发展情况，论述了释意理论对中国口译研究的影响，还详细地介绍了释意理论提出的"三角模型"在翻译过程中的作用；在第二篇文章中，他带领读者回顾了释意理论诞生的时代背景，释意理论的代表观点、发展历程和理论分支，叙述了释意理论不同于其他翻译理论的新颖之处，对其未来的发展进行了展望。他还根据释意理论揭示了翻译的本质，分析了口译的程序和对象，阐述了自己对于口译教学的看法和意见。与之类似的是高彬、柴明颎发表的《释意理论的历史性解读》⑤阐述了释意理论产生的条件和背景，分析了释意理论在当时学术环境下发展的利弊，指明了释意理论在翻译教学中的应用方向。

　　3. 释意理论的最新发展动向

　　近年来，释意理论在中西方外交会议口译中的作用、不同类型的口译实践报告中的应用是众多学者研究的对象，释意理论在外交会议口译中的指导作用在接下来的章节中我们会做详细的介绍，此处先简单介绍一下释意理论在口译实践报告中的研究发现。

　　2016 年，黄嘉欣对释意理论指导下的英汉交替传译技巧进行了研究与探讨。她以 2010 年《黛安雷姆访谈》为研究对象，发现英汉不对等句式的翻译是交替传译过程中的重难点问题。随后根据释意理论的指导她

① 李瑛. 释意派理论下外交场合的古诗词翻译研究——以温家宝总理 2007 年"两会"记者招待会为例 [J]. 广东科技，2008（12）.

② 张吉良. 当代国际口译研究视域下的巴黎释意学派口译理论 [D]. 上海：上海外国语大学，2008：102.

③ 龚龙生. 释意理论对我国口译研究的影响 [J]. 宁夏大学学报，2008（04）.

④ 龚龙生. 从释意理论看口译研究 [J]. 中国外语，2008（02）.

⑤ 高彬、柴明颎. 释意理论的历史性解读 [J]. 解放军外国语学院学报，2009（03）.

找到了解决问题的方法，即对源语言句子结构进行重新整合，并调整用词和句式，最后达到尽可能完整地向听者传递源语言所表达的意义和目的。此项研究成果对同类口译活动具有一定的指导意义。①

2017 年，甘玉江以释意理论翻译过程中的三个步骤（源语理解、脱离源语语言外壳和重新表达）为理论指导依据，结合自己为期半个月的口译实践活动，分析了影响翻译效果的因素，提出了对应的提高策略。②

同年，张月明基于自己参加东北亚论坛的实践经历，结合蔡小红关于评估口译质量基本参数的论述等释意理论知识、语言学知识，论证了译前准备能提高译文的忠实度，并能进一步提高整体口译质量的事实，以此呼吁译者重视译前准备，提高专业水平。③

2018 年，石铭玮以自己参加的全国口译大赛为基础，运用释意理论中对翻译对象定义、对口译过程的实质定义等知识，对参赛者在比赛过程中出现的源语言信息翻译缺失，翻译语言清晰度较低的原因进行分析，并提出了改进措施：首先，译者应在聆听源语言时时刻保持注意力集中，增强自己的信息接受能力；其次，译者应不受固定翻译思维的影响，利用好笔记；最后，译者应广泛学习各方面的知识，提高与发言人和受众的沟通能力。④

2020 年，狄星好为了深入学习、了解人工智能方面的学术信息，以释意理论为指导，将语言和意义互相结合，分析了释意理论翻译过程对口译实践的指导作用，并提出了口译实践中的翻译策略：增补信息、删减信息、调整语序。而采用灵活多样的翻译策略的目的是准确传达发言

---

① 黄嘉欣.释意理论指导下英汉交替传译中的结构重组技巧——以《黛安雷姆访谈》实践报告为例 [D].徐州：江苏师范大学，2016：88.

② 甘玉江.从释意理论视角管窥影响联络口译的因素及对策——以第二届国际当代陶瓷驻地创作与展览的联络口译实践为例 [D].福州：福建师范大学，2017：63.

③ 张月明.2016 东北亚论坛同传实践报告——浅析译前准备对口译忠实度的积极作用 [D].沈阳：东北大学，2018：91.

④ 石铭玮.释意理论视角下关于信息不完整和译语模糊的交传实践报告——以译员在第六届全国口译大赛上的表现为例 [D].成都：西南财经大学，2018：117.

人的交际，使读者更好地理解和接受译文。[①]

同年，马旭以释意理论中三角模型的三个步骤为理论指导，针对译者在科技英语口译过程中遇到的问题和难点进行了具体分析，提出译者应在遵循释意理论翻译过程规则的前提下开展翻译工作，译者还应提升自身的知识水平，结合具体语境，选择合适的目的语言和相关语法技巧，灵活翻译。[②]

第二节 翻译及释意理论相关概念

要学习和研究释意理论，首先要对翻译和释意理论的相关概念有所了解。

一、翻译与释意理论中的翻译概念

随着翻译理论和实践应用的不断发展，国内外翻译学界对翻译的定义各抒己见，呈现出百家争鸣、百花齐放的特点。首先，中国的翻译学家对翻译的定义和翻译的本质有自己的想法，如表1-3所示。

表1-3 近现代部分中国学者对翻译的定义

翻译定义内容	定义来源
在我看来，翻译的艺术就是通过原文的形式（或表层），理解原文的内容（或深层），再用译文的形式，把原文的内容再现出来。这种再现不是机械地逐字对译，而是原文"意美"的再创造	许渊冲（1984）《翻译的艺术》
翻译是一种跨文化的信息交流与交换的活动，其本质是传播，是传播学中一个有特殊性质的领域	吕俊（1997）《翻译学——传播学的一个特殊领域》
所谓翻译，是把一种语言文字的意义用另一种语言文字表达出来的语言转换过程或结果	祝吉芳（2004）《英汉翻译：方法与试笔》
翻译总体上是把一种语言在其固有语境中所表达的意思用另一种语言重新表达出来的语言转换和文化阐释活动	杜争鸣（2008）《英汉互译原理与实践教程》

① 狄星好.释意理论视角下"人工智能的历史、能力和前沿"演讲模拟交替传译实践报告 [D].济南：山东师范大学英语口译专业，2020：52.

② 马旭.释意论视角下的科技英语口译研究——以2019年谷歌开发者大会的口译为例 [D].呼和浩特：内蒙古大学，2020：75.

西方的翻译活动源于公元3世纪的欧洲，距今已有两千多年的历史了，近代的西方学者在古人研究的基础上不断开拓创新，赋予了翻译新的内涵，如表1-4所示。

表1-4 近代西方部分学者对翻译的定义

翻译定义内容	定义来源
Translation is the "transfer of 'meaning' from one set of language signs to another set of language signs"（翻译就是一种语言到另一种语言的意义转换）	Lawendowski（1978）
Translation consists in reproducing in the receptor language the closest natural equivalence of the source language message, first in term of meaning and secondly in terms of style（所谓翻译，是指从语义到文体在译语中用最贴近而又最自然的对等语再现源语的信息）	Eugene Nida（1982）
Translation is the expression in another language（or target language）of what has been expressed in another language（source language），preserving semantic and stylistic equivalences〔翻译是把第一种语言（源语）所表达的东西用第二种语言（目的语）重新表达出来，尽量保持语义与文体方面的等值〕	Roger. T. Bell（1991）
What is translation? Often, though not by and means always, it is rendering the meaning of a text into another language in the ways that the author intended the text〔什么是翻译？翻译就是（尽管情况并不总是如此）将原作者赋予原文本的意义用另一种语言表达出来〕	Peter Newmark（2001）

关于释意理论对翻译的定义，塞莱斯柯维奇和勒代雷所著的《口译训练指南》中曾指出：翻译是一种双语交际行为，译者在理解源语言含义的基础上，再用译入语表达出来。参与交际活动的双方不会太关心对方使用的语言，他们更加关注对方要表达的信息和思想情感。①

明晰了翻译的本质是一种交际行为，就不难理解翻译的目的是通过有效对话或沟通传递交际信息和意义获取理解。在《国际会议译员——会话与交际问题》中，塞莱斯柯维奇曾表示相对于摄影师来说，翻译家更像是画家。摄影师拍摄的是照片，照片的特点是与现实完全一致，而没有哪个译文与源语言毫无差异，如同复刻，所以说译文更像是画作，

① 刘和平.翻译学：口译理论和口译教育[M].上海：复旦大学出版社，2017：246-247.

是画家在现实基础上，提炼出的反映现实的信息和意义。画作还承载着画家的思想和理念，因此，人们可以通过译文窥探出翻译家想要表达的思想情感。翻译以不同语言团体在不同场合应用的各种语言形式传递信息、表达情感，如外交会议上采用的同声传译或交替传译模式，文学作品交流时的文学翻译模式，聋哑人交流时采用的手语翻译模式等。不同语言团体的人交流的目的主要是促进了解，取长补短，并开展技术、文化合作。

（一）翻译的对象

由于释意理论认为翻译不是一种交际的结果，而是一种言语交际的行为，所以语言不是释意理论认定的翻译的对象，释意理论认为语言只是帮助完成交际行为的工具。尤其在口译活动中，口语稍纵即逝的特点"把语言降到了它原有的地位——语言仅仅是帮助译者理解源语言的众多因素中的一个"[①]，实际上，把语言当作翻译的对象也不符合翻译的目的。

对于外行来说，翻译就是通过语言对比和语言分析，在源语言和目的语之间找到能匹配的词汇，将词汇连成句子，这属于简单的语言符号的转换。语言符号表明的是概念，只有翻译概念是远远达不到翻译的标准的。对翻译学家（无论是以翻译为职业的翻译专家还是专门研究理论的翻译学者）来讲，翻译是要用听众习惯的目的语的形式把源语言的主要内容和情感表达出来，进行传递。翻译的对象还要包括语言的外部成分，即事实、环境、思想、感情等，这一部分属于篇章的范畴，因此篇章的意义才是真正的翻译对象。翻译篇章的意义需要译者对篇章进行具体分析，这个分析的过程需要结合语言知识和其他知识。

（二）翻译的层次

通过借鉴语言学对人类语言能力的概念界定，释意理论把语言划分

---

① 玛丽雅娜·勒代雷.释意学派口笔译理论[M].刘和平译，北京：中国对外翻译出版公司，2001：7.

为三个层次，分别为语言、话语和篇章。基于对语言的分类，释意理论把翻译划分为三个对应的层次：词义层次、句子（索绪尔概念的话语）层次和篇章层次，如图 1-4 所示。[①]

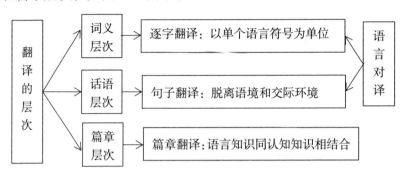

图 1-4 翻译的层次

词义层次的翻译，顾名思义，是以单个语言符号为单位的逐字逐词的翻译，这个层次的翻译紧贴语言本身的基本含义，也叫逐字翻译。话语层次的翻译是以单个句子为单位的话语含义的翻译，可称为句子翻译，但此时这个句子的翻译是不考虑上下文语境及整体的交际环境的。以上两种翻译可统称为语言对译。最后一种篇章层次的翻译不同于以上任何一种翻译的特点是它不仅是语言符号层面上的转换，而且是译者先根据自身的语言知识和其他经验积累解析译文描述的相关信息和情感内涵，确定源语言想要表达的意义，然后使用恰当的目的语形式对意义进行输出。篇章层次的翻译可称为篇章翻译。[②]

"如果单独抽出一个词，它的含义是潜在的；脱离上下文的句子，其意义也是潜在的意义，是在阅读文章的过程中逐步明朗的，也就是说，只有阅读完文章之后才能理解作者想说的是什么。"[③] 字、词和句子含义是固定的概念结构，具有语言使用相对的语言系统特点。语言在被人使用之前就客观存在的潜在意义被称为涵义，意义产生于上下文语境、特定的交际环境和译者的认知这三者的结合之下，不能看成是简单字词涵义

① 刘和平. 翻译学：口译理论和口译教育 [M]. 上海：复旦大学出版社，2017：247.
② 梁雨楦. 释意理论视角下中国文化特色词语的口译技巧——基于 2007-2016 年总理记者招待会口译 [D]. 武汉：华中师范大学外国语学院，2016：36.
③ 刘和平. 翻译学：口译理论和口译教育 [M]. 上海：复旦大学出版社，2017：248.

相加之和。语言和语言涵义是共性的，客观存在的；言语和篇章意义是个性的，转瞬即逝的。

释意理论认为，逐字翻译和句子翻译属于语言的直接翻译，是转换代码的过程。篇章翻译的重点是意义的产生和再表达，是真正的翻译层次。由此可以得出：翻译是一个需要超越词汇层面，解析言语层面，最后才能了解篇章层面最终含义的过程。举例说明英文"Do you get me?"的语言层次翻译成汉语可以是：

Do= 动词做、干等，助动词与动词连用构成否定句或疑问句等；名词表示聚会、社交活动等。

you= 代词你，你们。

get= 及物动词得到、收到、买到、用电话联系，明白，理解等。

me= 人称代词我，名词自我。

它的话语层次出现动词 get 的多重含义，可以翻译为：你明白 / 理解我吗？而使用篇章翻译方法可以把这句话翻译为：你明白 / 懂我的意思吗？再举一个常见的中文里"意思"的用法，中国人在送别人礼物时会说："一点儿小意思。"如果直接翻译成"A little meaning."显然不能表达其原有的含义，正确的说法应该是"This is a gift for you as my thanks / good wishes."或者"This is a little token of my gratitude."具体选择哪一种表达更合适应再具体分析当时的交际环境。

二、释意的概念

"释意"可理解为"解释其意义"，"释意"不是随心所欲地任意翻译，译者会受到释意规则的约束。"翻译行为旨在'理解'这一'篇章'，然后用另一语言'重新表达'这一'篇章'……篇章从根本上说是书面语言同语言外知识的交融。篇章既是翻译的对象，也是翻译存在的理由。"[1]这句话中的"理解"是指译者借助自己的认知知识去掌握字词、句子的真正意义。人与人之间的沟通和交流由大脑机制操控，大脑中的所思所想指引着我们开口说话，向他人传递信息、表达情感。而听讲人的认知水平不同，对同一交际语言或行为会产生不同的理解，做出不同的反应。因

---

① 刘和平 . 翻译学：口译理论和口译教育 [M]. 上海：复旦大学出版社，2017：249.

此，译者的认知水平对其在翻译过程中理解源语言的能力来讲十分重要。

与其他主流翻译学派相比，释意理论不只关注语言方面的问题，译者在翻译中的思维过程，译者在翻译中的作用和地位是释意理论更关注的内容。释意理论对翻译行为的理解是：翻译是在理解源语言思想的基础上尽量正确完整地表达思想的非静态行为，不是从源语言到目的语言的单向解码。译者在翻译时首先考虑的是目的语与源语言意义或效果的对等，而并非语言单位的一致。在具体的操作过程中，译者要先完成对目的语语言符号/语言单位的认知，然后根据上下文语境加入自己的理解，最后再选择合适的形式输出。从某种意义上来说，要使翻译理论或者技巧具有实用性，就必须对翻译中译者的思维过程进行深入剖析。如同语言是语言学的研究对象，翻译的思维过程是翻译工作的重中之重。①

同时，为了更好地区分语言学的术语概念，释意理论特别定义了翻译领域的言语、语言、话语、篇章等名词的含义。释意理论认为语言和话语在与个体的认知情况结合前，没有实际的交际意义。在任何情况下，对话语篇章的理解都需要语言知识和其他知识的融会贯通，交际意义的产生来源于译者对翻译认知的理解。

释意理论的另外一个特征就是将翻译作为一种交际行为而非交际结果来研究。释意理论认为在自然的交际状态下，语言只是服务于交际目的的工具，因此翻译的对象不应局限于语言，而应包含整个交际信息的内容。释意理论不赞成研究语言失误或者因为译者水平欠佳造成的个别翻译错误，强调以成功翻译为目标，用理论解释并指导实践才是翻译理论研究的最终目的。

三、释意理论的意义和意义单位

（一）有关意义

意义和意义单位是释意理论中十分重要的两个概念，在上文论述释意理论的发展历程时我们提到过意义的产生和定义，意义与翻译中七个

---

① 李红霞.大学英语教学研究[M].天津：天津科学技术出版社，2017：173.

常见概念（含义、信息、效果、意图、风格、内涵、不言之意）之间的异同，对意义有了一个初步的了解。语言是意义的"外壳"，释意理论认为翻译的对象不是语言，而是篇章借助语言表达的交际意义，语言是理解意义不可或缺的条件，因此，此处有必要再明确一下意义与语言之间的关系。萨特在《什么是文学》一文中写道：意义不存在于字词之中，意义帮助听者理解字词的涵义；意义不是字词单个意义的简单相加，而是篇章的整体意义；文学作品通过言语描述构成画面，但从不局限于言语之中；同理，能看懂文学作品中的字词不代表能读懂作品的意义；意义是讲话者意图的体现，它在讲话者发言之前就已经存在，在听者接收译语之后正式形成；意义的输出需要结合非语言形式的思想和信号，此处的信号可能是话语，也可能是手势、动作，没有特定的要求和标准，只要能被听者感知到就行。①

接受意义要求受话人的有意识行为。在这种情况下，字词排列对说话人来说只是语言迹象，对听者来说是要重新辨识语言迹象，但对前者来说，它们只是思想的基础，对后者来说，它们是意义产生的途径。

由此可见，句子或篇章的意义不是讲话者与他人展开交流的目的，也不是引发交流的因素，更不是双方交流的结果，而是语言之外传递的意图，是讲话者希望听话人理解和掌握的内容。翻译不是解释句子含义，诠释句子内容，而是释意整个篇章。意义包括讲话内容和讲话人或作者表达的情感，不能脱离讲话主题，必须时刻反映核心或主要内容。独立的句子之间如果没有联系和逻辑就不能组成一段通顺的有意义的篇章，能理解分散的句子不等于能理解这些句子构成的篇章。

篇章意义的理解是在接触和分析完整体的篇章层次后瞬间完成的，因此译者不能先分析语言，再理解篇章，基础概念是不能分段感知的。一件事要想给人留下深刻的印象，就要充分触动意识的特殊意义。如看见"一只小猫"，不是看到一个"动物"，然后才是这只猫；捡到"十块钱"，不是捡到一张"纸"，然后才是这个货币；喝了一口"可乐"，不是喝了一口"水"，然后才是这个饮料。②

---

① 刘和平. 翻译学：口译理论和口译教育 [M]. 上海：复旦大学出版社，2017：249-250.
② 刘和平. 翻译学：口译理论和口译教育 [M]. 上海：复旦大学出版社，2017：250.

（二）有关意义单位

由于听众认知水平的差异，同样长短的句子或讲话对于某些人来说是复杂、冗长的，对于其他人来说也可能是简单易懂，可以接受的。对于讲话的中心思想和讲话人的说话立场十分了解的听众，在陈述没有完全结束的时候也能理解讲话的意义。相反，其他听讲人可能在讲话结束之后才能勉强理解讲话人的思想意图。篇章的中心思想属于讲话过程中产生的广泛的意义。意义是分小段构成的，产生于译者在翻译过程中对有声语链的捕捉和忘记。意义单位在这个过程里不停出现在译者的大脑中，有关意义单位，勒代雷的解释是：意义单位是由讲话人引起，出现在受话人身上的知识动员叫隆起点，也称为突触；这些隆起点是心理单位的组成部分，明显的心理单位可以称作"思想"。[①]

这些单位与特定的语言长度并不吻合，对它们的理解会随着有声语链的进行在不同时刻完成。在融入了更广泛的单位后，这些意义单位转变成脱离语言的知识，变成了贴合篇章主题的思想。

在听众的理解完成之后，这些单位便融入新的单位成为先意识和潜在知识，释意理论认为，意义单位在这个转变过程中会脱离语言形式的束缚而独立存在，它是语言知识与几年前或几秒钟前存在的非语言知识相交的结果。保证意义单位与其他语言知识互相融合的有声成分是促使意义单位出现的语言支柱。在口语中，意义单位的产生更加容易，如果认知水平有限，加上书面语的稳定性特点，多义或含糊不清的情况就可能会出现。同时研究显示，在阅读过程中集中注意力观察文章的某个片段，也会发现语言的多义性。[②]

[①]（法）勒代雷.释义学派口译理论 [M].刘和平译.北京：中国对外翻译出版公司，1994：15.

[②]　刘和平.翻译学：口译理论和口译教育 [M].上海：复旦大学出版社，2017：251.

第三节　释意理论的翻译程序及翻译评价标准

一、释意理论的翻译程序

释意学派认为翻译不是简单的代码转换，不是一种语言直接转换成另一种语言，而是译者在理解原文意义的基础上重新表达意义的动态过程。意义是非语言性质的，译者在此翻译程序中充分发挥了人脑的主观能动性。根据以上对翻译本质的分析，结合释意派的研究重点——口译翻译，释意理论把翻译程序中具有代表性的口译程序细分为三个阶段：理解（comprehension）、脱离源语语言外壳（deverbalization）和重新表达（re-expression），其中"脱离源语语言外壳"（deverbalization）是核心。释意学派把这三个阶段用三角模式进行了生动的演示，如图1-5所示。

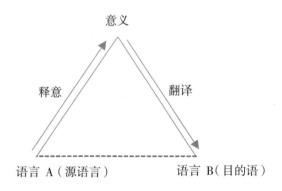

图1-5　释意理论口译程序的三角模式

根据该模式，我们可以看到，三角形的左边是语言A，我们可以把它看作"源语言"，右边是语言B，我们把它当作"目的语"，三角形中间顶部是意义。据此我们可以看出口译是一个从"源语"到"意义"再到"目的语"的过程，是一个从"听辨"到"理解"，再到"表达"的动态过程。塞莱斯科维奇对这一模式的阐释是："从三角形的顶端开始自发表达思想，因为表达思想的源语形式已不再有约束力。底部表示未经语境或情景更改的概念从语言到语言的直接翻译，这些概念只是知识的目标而不是理解的目标。"[1] 这一阐释再次强调了翻译不是语言代码的简单转换，接下来，我们就对这三个阶段的程序展开详细的论述。

（一）理解源语言

口译（翻译）是一种交际行为，这是释意理论对口译（翻译）活动的性质界定。同时，英国著名的翻译理论家和翻译教育家纽马克强调："翻译理论家自始至终都重视意义的研究。"[2] 由此可见意义在翻译（包括口译）过程中的地位。释意理论也非常认同这一观点。释意理论认为译者在口译这一交际行为中传递的是意义而不是语言符号的含义。

翻译传递的结果应是翻译理解的内容。译者在口译过程中传递的是意义，那么作为口译过程的第一个阶段，译者需要理解的内容也就应该是意义。而意义作为对比语言符号来说是更高级别的存在，是由认知补充几个方面的内容相结合产生的，即篇章理解所需的认知知识、上下文环境和交际环境。具体而言，认知补充包括译者对交际现场讲话人、听话人、讲话情景的了解以及译者对相关语言知识和背景知识的掌握。认知补充不受外力作用影响，能够对会话中转瞬即逝的话语意义起到填补作用，能够潜移默化地影响译者对篇章或对话的理解。进一步分析认知补充我们会发现，认知知识是认知补充中最重要的组成部分，图 1-6 为认知知识与认知补充关系示意图。

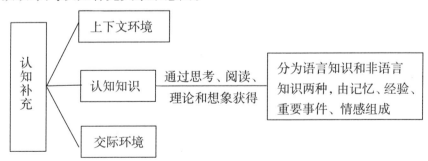

图 1-6　认知知识与认知补充

---

① 刘和平.翻译学：口译理论和口译教育 [M].上海：复旦大学出版社，2017：252.

② Newmark P,Approaches to Translation[M]. Oxford: Pergamon Press,1981：23.

掌握认知知识是理解意义的前提和基础，勒代雷也认为在翻译过程中不考虑认知知识，语言符号将会提供过重的"假设意义"。① 根据图1-6可以看到，认知知识由语言知识和非语言知识构成，非语言知识主要包括主题知识和百科知识。接下来我们针对这两大部分在理解这一口译程序中的作用分别进行详细的论述。

1. 理解语言知识

理解语言知识相当于理解语言篇章的明喻成分，语言篇章的明喻成分在大多数情况下是讲话者想要表达的含义，也是篇章意义的重要组成部分。

通常译者需要理解的语言知识包括源语语言知识和目的语语言知识，一般目的语是译者的母语，源语言是译者后天习得的外语；母语往往只有一种，外语可以有很多种；也不排除译者掌握两种以上的外语，在两种外语之间翻译的情况。译者对外语知识的掌握和理解很难达到母语水平，因为不具备母语习得的语言环境——被动输入。人们对被动学习的知识的掌握情况往往比主动学习获得知识的掌握情况要好。

例如在生活中，母语的词汇量会随着时间的发展在推移默化中得到不断累积，加之频繁的运用会增强这些词汇在大脑中的稳定性，使它们不会被轻易忘记。而如果是外语词汇，就需要译者不断创造条件主动地学习、记忆、练习才能保证其在大脑语库中持久存在。此外，语音、词法、句法等语言知识也是需要译者系统掌握的，这部分语言知识比起词汇知识来说有一个优点，即一旦掌握就基本定型，可以在不同情景下灵活运用。②

2. 掌握主题和百科知识

翻译篇章，尤其是翻译口译实践活动中的篇章内容，除了要理解语言类知识，还必须提前学习和掌握篇章主题知识和百科知识。因为主题知识和百科知识属于语言外的知识，语言外的知识是正确理解篇章的前提，译者要准确提炼篇章或者讲话者所要表达的真正的交际意义，必须将语言知识和语言外的知识有机地结合起来。

如翻译外交会议内容，译者需要在会议开始前就明确了解会议讨论

① 王硕. 释意理论及其对口译教学的启示 [J]. 沈阳教育学院学报（哲社版）. 2011（03）.
② 刘和平. 翻译学：口译理论和口译教育 [M]. 上海：复旦大学出版社，2017：253-254.

的主题，发言人的职务、政治立场以及其发言的意图等；翻译科技类文章，需要掌握科技类词汇和科学研究方法等科学类知识；翻译文学作品，需要译者掌握可能在作品中出现的政治、文化、历史、生活等百科常识，如 honey 原意是蜂蜜、花蜜，但在用作人称称呼自己较为喜爱的人时，honey 表示宝贝、亲爱的。[①]

3.考虑上下文和交际环境

同样一句话在不同的语言环境中表达的含义会有很大差别，因此，在理解篇章时必须考虑语言环境对理解认知知识的作用。这里的语言环境主要是指上下文环境和交际环境，如图 1-7 所示。

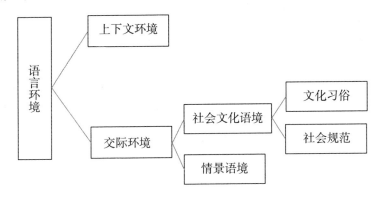

图 1-7　语言环境的分类

其中上下文语境指的是与词语或句子有关系的前言后语或本句话前后的语句。上下文语境对认知词语或者句子隐藏的含义来说十分重要，有助于正确地理解篇章意义。图 1-8 是上下文环境对理解认知的影响举例。

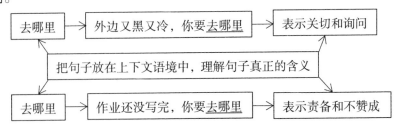

图 1-8　上下文环境对理解认知的影响

---

① 刘和平.翻译学：口译理论和口译教育 [M].上海：复旦大学出版社，2017：254.

交际环境对理解认知的影响主要体现在情境语境和社会文化语境对理解认知的两个方面的影响。情景语境如交际活动发生的时间、地点、场合以及对话双方开展会话活动所采取的方式，指的是对话双方进行交际活动时的具体情境。在言语交际过程中，同样的语言在不同的情景语境下有不同的含义，例如"窗户！"可以指"开窗户！"也可以指"关窗户！"同理，人们会根据不同的情景语境用不同的说法表示相同的含义。例如，我们想邀请他人来自己家里做客，如果在比较严肃、正式的场合，邀请自己尊重的领导、长辈，我们可以说："欢迎光临寒舍！您的到来使我们家蓬荜生辉！"而如果在比较随意、轻松的场合，邀请我们的亲戚、朋友、同事等，我们可以说："有空上我家来玩儿！""上我家坐坐吧！"等。

社会文化语境是指会话双方使用的语言背后所代表的历史文化、风俗人情、价值观、文化交流等社会文化背景。它又分为文化习俗和社会规范两部分。其中文化习俗对交际会话表达的影响是十分深刻且不易被发觉的。例如，一个英国女孩称赞一名中国女孩"I really like your wearing today. Very attractive!"按照西方人的思维，在自己受到他人称赞时应当回答"Thank you. I'm happy to hear that."但受中国传统"谦卑文化"的影响，中国人在面对自己的优点或成就往往不愿意张扬，因此，在面对他人的称赞时往往持否定态度："哪里哪里，我只是随便穿穿。"

社会规范是指社会对言语交际活动做出的各种规定和限制，这些规则和限制是人们经过长期的实践而形成的，对言语使用有很强的约束力。例如，在中国的社会文化中，人们在聊天时喜欢和别人分享自己的年龄、工作、婚姻、收入等家庭生活方面的情况，但在西方社会文化中，这些属于个人隐私，他们不会和别人讨论这些话题；又比如中国人见面喜欢问候他人的身体状况，关心别人的病情，但西方人认为疾病是令人不愉快的事情，因此不愿提及。在交谈方式上，中西方也各有特点。中国人讲话喜欢旁敲侧击，引经据典，由远及近，最后才让别人猜到自己的想法；而西方人较为直截了当，喜欢一开始就进入谈话主题，不跟对方绕圈子。

总而言之，上下文环境和交际环境都是帮助译者理解交际意义的，是为了实现说话者和听者双方交流目的而存在的。上下文语境是排除语言单位其他词义、语义，只保留符合主题意义的影响翻译理解的重要因素。而理解交际环境是指在认知译文时要考虑谈话发生的时间、地点、场合和影响会话的文化习俗以及社会规范等因素。二者都是语言环境的一部分，是相辅相成、不可缺少的。

（二）脱离源语语言外壳产生意义

塞莱斯科维奇教授和勒代雷教授指出，"在口语持续不断的语流中，每7秒到8秒的时间，听者就会忘记语言的形式，产生对意义的'意识'"。"脱离源语语言外壳"阶段是"意识"产生的阶段，也是释意理论研究的核心部分。具体来说，"脱离源语语言外壳"是一个"得意忘言"的过程，"得意忘言"是指忘记讲话中使用的字词、句型、语法等语言的形式，头脑中只剩下对意义的意识形态。也就是说，在这个过程中，译者要脱离原文的语言形式，不受语言字面含义的约束，找到文本的核心思想，再用恰当的目的语形式进行再表达，使翻译准确、易懂。[①] 脱离源语语言外壳，不是指完全地舍弃语言的外壳。交际意义的来源不是单一的，语言的语义，语义与认知背景的结合均能产生意义。据此可以看出，意义是一种意识形态，具有非语言的特点，如果翻译时不经过"脱离源语语言外壳"阶段，只追求字词的对应，翻译后的目的语多少会带有原文语言结构的特点。试想，如果译者不考虑意义的非语言特点，只是用源语言的句式堆砌目的语的字词，必定会使听者不知所云，难明其义。

例如，在翻译成语"破釜沉舟"时，如果只翻译字面意思"把渡河的船（古代称舟）凿穿沉入河里，把做饭用的锅（古代称釜）砸个粉碎"，听者只会产生疑问：为什么要把船沉入河底？为什么要把锅砸碎？这种情况就是典型的没有脱离源语语言外壳，致使译文表达出来的意思令人难以理解。脱离源语语言外壳，找到语言之外的、隐含在成语字面意义之中的真正意义，才能准确传达成语包含的"下定决心彻底干一场，不

---

① 梁雨楦.释意理论视角下中国文化特色词语的口译技巧——基于2007-2016年总理记者招待会口译[D].武汉：华中师范大学，2016：90.

达目的决不罢休"的精神，因此正确的译法应该是："Cut off all means of retreat/Burn one's own way of retreat and be determined to fight to the end."

（三）重新表达

1. 表达的内容与方式

重新表达（Re-expression）是口译过程的最后一个阶段，在这个阶段，译员要把在脱离源语语言外壳阶段获得的意义的意识形态运用符合译入语语言习惯的表达方式重新表达出来。这一阶段的核心任务仍围绕意义展开，主要目标是尽量使目的语实现意义上的等值。

要使翻译实现意义上的等值，首先要确定表达内容。解构主义翻译理论家认为，译者是原文的创造者，原文在翻译过程中不断被重写，每一次阅读或翻译都是对原文的重构。[①] 由此可见，译者在对表达内容的确定上有绝对的控制权。释意理论认为，译者要在了解认知知识和交际环境的基础上，使用正确的语音语调，表达出所有的内容和篇章真正的意义，同时注意逻辑清楚，思维清晰，掌控好翻译时间，避免啰唆。还有一点特别需要注意的是，不要加入自己对内容或意义的解读和看法，或者用自己的思想代替讲话者的思想。

确定了表达的内容，接下来就要考虑如何理解和选择正确的表达方式。塞莱斯科维奇曾用织毛衣来比喻翻译这一过程："将法语翻译为英语的过程就像将一件法国人织的毛衣拆解，洗干净，并整理好毛线，再根据英国人的织法重新织成一件新的英式毛衣。新衣服其实仍是毛衣，但是它的样式可以说和之前法国人织的毛衣有很大的差别。"[②] 这其中毛衣的织法就是译文的表达方式，是翻译的形式。毛衣的样式是译文最后呈现的效果。

根据释意理论要求翻译形式对应的要求，在选择表达方式时译者首先应注意不要生搬硬套，要采用听者容易理解和接受的形式表达意义，其次考虑使用具有创造性且符合译入语习惯的表达方式。总的原则就是

---

① 袁伟红 . 释意理论视角下会议口译中热词的口译策略研究 [D]. 福州：福建师范大学，2016：25.

② 达尼卡·塞莱斯科维奇 . 口译技巧 [M]. 北京：北京出版社，1979：48.

形式是为意义服务的，没有一定的与原文对应的形式，就无法很好地展现思想，我们要注重表达思想的方式。[①]

2. 口笔译表达的异同

释意理论认为，基于理解篇章的基础，脱离语言层面的表达，表达原讲话者或者作者的思想是口译和笔译表达的相同之处。口译和笔译表达的不同之处在于在表达过程中是否能进行语言分析，遇到困难能否停顿，译者是否有充足的时间对语言进行润色，等，如图1-9所示：

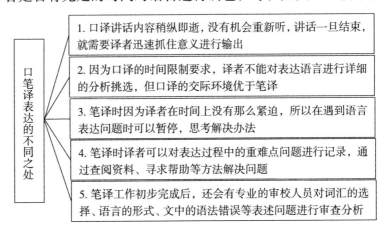

图1-9　口笔译表达的不同之处

二、释意理论的翻译评价标准

翻译评价标准是翻译界一直在讨论的指导翻译理论的核心课题。翻译评价标准产生于译者的翻译实践中，它的发展、变化主要有两个方面的原因，一是外界对翻译的需求变化，二是译者对翻译认知的深入学习。在它的发展、变化过程中，译者们发现了很多影响翻译评价标准的因素，如政治要求、社会文化、地域特点、时间限制、语言学的发展等。结合对这些因素的理解，翻译学家讨论出了翻译界比较认可的评价标准："忠实性""对等性""等值性"等。但不同的流派和翻译理论家对同一术语的理解和论述又各有千秋，关注点也不尽相同。拿"对等性"举例来说，他们的研究重点就有不同的分类，如图1-10所示。

---

① 刘和平.翻译学：口译理论和口译教育[M].上海：复旦大学出版社，2017：257.

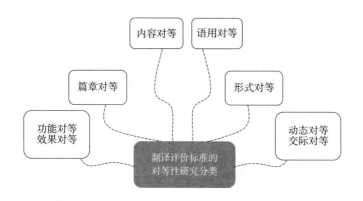

图 1-10 翻译评价标准的对等性研究分类

释意理论的翻译评价标准也包括翻译的对等性，除此之外，翻译的忠实性、译者的自由性也是释意学派认为会影响翻译评价的重要标准。

（一）翻译的对等性

与奈达提出的"读者反应相似"翻译标准类似，释意理论的翻译评价标准注重文章意义上的等值。释意理论认为，文章意义的等值表现在整体意义上，指译文读者对译文的反应与原文读者阅读原文著作时反应类似，"好的译文读起来不会让读者知道是译文，好的译文应该尽可能地接近原文"。[①] 这句话的意思是，优秀的译者会特别注重译文读者的反应，优秀的译文读起来通常自然、如同原作，能保持原作的风格特色，使译文读者产生与原文读者相似的反应。要想达到这个标准，就要确定翻译的内容不是原文语言而是篇章的整体意义。翻译评价标准的对等性受翻译内容为篇章意义的影响而形成。

释意理论的翻译评价标准注重文章意义上的等值，等值有高低之分且受多种因素的影响。维耐·凯尔在《翻译科学》一书中总结分析了前人有关对等性原则的研究成果，并将影响总体等值的因素归纳成五种层次，如图 1-11[②] 所示。

---

① 余永红 . 功能对等理论翻译评价标准指导下的英文专利说明书翻译实践报告 [D]. 天津：天津大学，2016：39.

② 刘和平 . 翻译学：口译理论和口译教育 [M]. 上海：复旦大学出版社，2017：259-260.

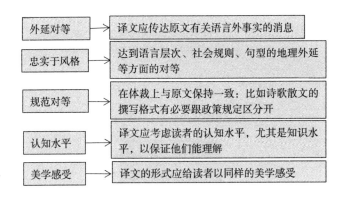

图 1-11 影响总体等值的五种层次因素

由此可以看到，对等性在翻译评价标准上注重的是篇章整体意义的等值化，期望达到应有的交际效果。实际上，以上种种层次的要求对译者来说是很大的挑战，能满足以上所有条件的译者应是真正的双语运用者，不仅能正确理解原文作者想要表达的思想意图，还能预想译文的读者可能出现的反应。在翻译过程中，能熟悉双方文化，不受文化差异的影响；能了解原文和译文的风格体裁，灵活运用；能掌握和译文相关的主题知识，不存在专业词汇不理解的问题。然而，在实际的翻译工作中，这样的译者几乎不存在，再加上影响翻译的其他原因，翻译标准在各个方面实现等值化存在较多的局限性，如图 1-12 所示。

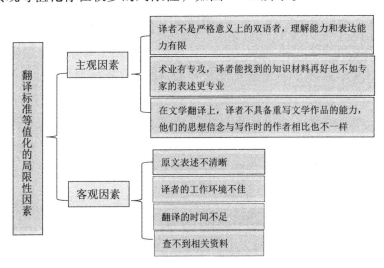

图 1-12 翻译标准等值化的局限性因素

要想实现翻译的对等性，除了要考虑以上几点影响因素，译者还应学习如何利用必要的翻译方法和翻译技巧来迅速处理翻译过程中遇到的翻译单位、表意文字、固定词组等问题。

综上所述，释意派翻译评价标准中的对等性理论还处于不断的成长与完善之中，这些理论可以作为参考但不能作为翻译方法。本来提出这些标准也不是为了研究翻译方法。译者首先要思考的是如何完成自己的任务——在释意理解的基础上用最恰当的语言形式忠实地转述文章的意义，而不是如何评价自己的任务成果。

（二）翻译的忠实性

很多译者认为翻译的忠实性是众多翻译评价标准中最重要的一个，有关忠实性原则的翻译理论研究也取得了一些成果。中外译者曾就忠实性发表了自己的看法，阐释了自己的解读，如下文所示：

爱德蒙·加里：翻译的忠实性问题是跨越几千年翻译历史的一条主线，"忠实性"曾引起翻译学界的各种争论。[①]

奈达：翻译的实质是什么？翻译的实质在于用最确切、最自然的语言等效地传达原语的信息。[②]

译事三难：信、达、雅。求其信已大难矣。

（翻译工作中有三大难事：即"信"——忠实于原著、"达"——译笔明达、"雅"——文字水平高。要做到"信"就已经很不容易了。）

然而在翻译理论史上，传统意义上的忠实是一种绝对的、静止的、单一的标准。翻译的标准要求是以原文为导向，将原文的"意义"表达出来。在翻译过程中，不随便删除原文，不加入译者个人的主观思想评价，译者只是作者忠实的"奴隶"。这样的"忠实"实际上忠实的是原文的语言形式，是机械的，盲目的，会造成对原作本质上的不忠实。[③]与前人研究结果不同，法国翻译理论家安帕罗·于塔多·阿尔比提出翻译的

---

① 许钧.译事探索与译学思考[M].北京：外语教学与研究出版社，2002：77.

② （美）奈达论翻译[M].谭载喜编译.北京：中国对外翻译出版公司，1984：10.

③ 浙江越秀外国语学院西方语言学院.欧洲语言与文化　第二期[M].上海：上海远东出版社，2017：3.

忠实应是一种能动的"忠实"，译者要选择的忠实的"意义"是有生命力的，有情感需求的意义。它不仅是一些语言符号，而且还包括作者想要表达的思想情感、观点意见、写作风格等。在《翻译的忠实概念》中，阿尔比进一步对翻译的过程、翻译忠实的目标、忠实的三大标准展开了论述。

阿尔比首先确定了翻译的可行性，他认为：从任何语言到任何其他语言的翻译都是可能的，任何文本类型的翻译都是可能的。

他强调翻译过程应该是翻译家们关注的重点，认为相对于借鉴其他学科的理论知识来研究翻译来说，人们应该更注重对翻译实践和翻译主体（译者）的研究。在上述观点的基础上，阿尔比认为翻译的理解过程就是一个理解和提取意义的过程，并据此提出了忠于意义的三大参照要素，分别是：原作者的"欲言"、目的语及译文的读者。

有关这三大要素的具体分析如图 1–13[①] 所示。

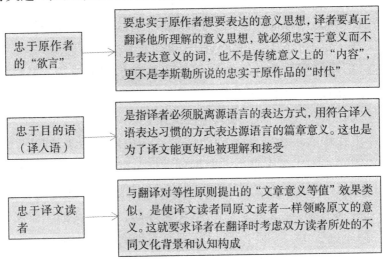

图 1–13　三大参照要素的含义分析

原作者的"欲言"、目的语及译文的读者这三大要素相辅相成，互相联系，再次印证了翻译的对象是篇章意义，译者应忠实于意义这一释意理论。

---

① 刘和平. 翻译学：口译理论和口译教育 [M]. 上海：复旦大学出版社，2017：257.

（三）译者的自由性

根据阿尔比"能动的忠实性"理论，译者在翻译过程中要实现对译文意义的忠实性，还要依靠一定的创造性。创造性是实现忠实性的方法和条件。在翻译表达的过程中要想做到真正的真实，译者就要从被动变为主动，从逐字逐词的翻译变为赋予原作以新生的再创造翻译。

在理解了篇章的意义之后，译者可以用自己认为恰当的方式进行创造性的表达，这就是释意理论翻译评价标准中译者的自由性。这里的自由性首先不是译者不符合原文中心思想的胡想乱译，其次应区别于编译和改写。翻译要求完全忠实地传递篇章意义，尽可能忠实地展现篇章语言的特点以及篇章的风格，而改写和编译在这些方面均无法保证其忠实性。最后，译者的自由性翻译活动不能脱离原著限定的范围，还应符合目的语文化的规范。

释意理论认为，要想兼顾意义的转达和译者的自由性，应提前确定翻译里可以直接翻译的固定表达，并划分不可直接传达的一些范畴。可以直接翻译的固定表达如图 1-14 所示。

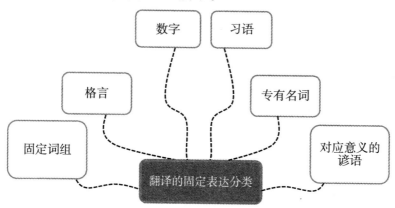

图 1-14 翻译的固定表达分类

其余不可直接传达需要运用百科知识或者借助认知环境翻译的内容就要依靠译者的自由性原则加以创造。例如，用英文翻译中文句子"你会来吗？"译者需要根据句子表达的语气强弱和句子潜在的含义选择不同的表达方式，如表 1-5 所示。

表1-5　"你会来吗"英文翻译分析

英文译文	语气强弱	潜在含义
Are you gonna be here	较强	讲话者比较确定听话者会来
Will you come	正常	不确定答案，正常询问
Would you be here	较弱	表示假设对方不会来

根据表 1-5 可以看出，在正常的交际活动中，字词、词句只起表达意义的作用，交际环境才能帮助听者消除歧义，找到真正的意义。因此，在翻译时译者要根据不同的交际环境灵活运用自由性，选择恰当的翻译方式。而文学翻译又不同于交际环境下的翻译，文学翻译中要求文字表达形式符合修辞学和美学的要求，这一点在限制了译者自由性的同时也考验着译者的创造性。从另一个角度来说，文学作品的诠释不只是依靠作者的描写和叙述，而是需要读者和译者的阅读和理解才能体现其意义，因此在正确理解诠释的基础上，译者还享有文体风格等表达方式上的自由性，在很多时候都可以发挥主体的创造性。[①]

与文学翻译相比，科技翻译的首要需求是准确传递信息，语言科学意义上的学术翻译考虑较多的是字/词方面的形态，这两种类型的翻译译者的自由性都受到了限制。尤其是在学术口译中，会用到很多固定的字词表达和其他相关专业知识，需要译者在某种程度上是学科专业的内行专家或者在翻译以前做好充足的准备。[②]

此外，学术口译的性质、形式、特点、场合也在不同程度上影响着译者的自由性，如图 1-15 所示。

---

① 刘和平.翻译学：口译理论和口译教育 [M].上海：复旦大学出版社，2017：259.
② 方梦之.应用翻译研究：原理、策略与技巧 [M].上海：上海外语教育出版社，2013：317-318.

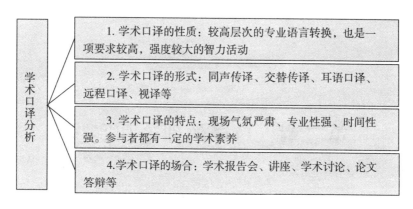

图 1-15　学术口译对自由性的影响分析

　　总而言之，遵循译者的自由性是有条件的，它建立在忠实传递篇章意义的基础之上，还需要借助上下文环境和交际环境来理解和表达篇章意义。在某些领域如科技翻译、会议口译中，译者的自由性会受到限制，译者需要掌握更多的专业知识；而在文学翻译领域，译者的自由性能得到比较充分的发挥，但需要译者注意文字表达的形式并不断提高自身的审美思维能力。

第二章 口译的理论和实践

第一节 口译的基本认知

一、口译的本质与定义

（一）口译的本质

口译作为翻译的一种形式，本质上并非简单的口头翻译，而是一种人与人之间传递信息、沟通情感的交际行为。这种交际行为广泛存在于国际交流的各个领域，如外交政治、经济贸易、学术沟通、文化传播等。在这个行为过程中，语言不是交际的最终目的，而是沟通的工具、交流的手段。

我们还能通过口译在英语中的表达——interpret 一词理解口译的本质。Interpret 的词源是在拉丁语中表示解释、阐释含义的动词interpretari，与这个动词相关的名词是 interpres，意为中介、协商者。通过这两个单词也可以看出口译行为的本质。口译就是交流，是信息与情感的传递。而口译员作为交际双方的"中介""桥梁"或"纽带"，他们的主要工作是将源语言（source language）进行解释、分析、理解之后，再运用恰当的形式输出为目的语（target language）。

（二）口译的定义

了解了口译的本质之后，我们再来看口译的定义。[①] 历史上中西方学者对口译的定义从不同的角度进行了阐释。

梅德明：口译是一种通过听取和解析来源语所表达的信息，随即将其转译为目标语语言符号，进而达到传递信息之目的的言语交际活动。[②]

刘和平：口译是一项高智能的思维科学形式和艺术再创作活动。口译思维从主体上说属于抽象思维，更注重逻辑推理和分析；如果说翻译是艺术，那它离不开形象思维，离不开感知。[③]

刘宓庆：口译是一种特殊形式的翻译传播行为，是互不通晓对方语言的双方得以交流思想、进行和完成交谈的不可或缺的媒介和手段。[④]

王斌华：口译是一种集语言的听、说、读、写、译之大成的即席性很强的多任务的（multi-tasking）语言操作活动，其目的是使来自不同语言和文化的交际双方借助译员的口头翻译能做到准确、有效、流畅的沟通。[⑤]

根据以上学者对口译定义的描述，我们可以看到口译是一种讲话者、译者、听者三人之间的言语交际行为，口头转述的信息文本和思想情感是交际涉及的主要内容。口译工作的重点是对源语言的理解和表达，译者要完整地理解源语言的意义，并采用听者可以接受、理解的语言方式转述源语言的意义。这一过程涉及的不仅是语言的分析和转换，还包括语言外知识的理解和表达，如百科常识、文化差异，甚至还要考虑讲话者在传递信息时的语音语调、表情动作等方面的因素。

---

① 韦长福，林莉，梁茂华．汉越口译理论与实践[M]．重庆：重庆大学出版社，2017：37.

② 梅德明．口译教程（英语高级口译资格证书考试）[M]．上海：上海外语教程出版社，1996：6.

③ 刘和平．口译技巧　思维科学与口译推理教学法[M]．北京：中国对外翻译出版公司，2001：10.

④ 刘宓庆．口笔译理论研究[M]．北京：中国对外翻译出版公司，2004：43.

⑤ 王斌华．口译　理论·技巧·实践[M]．武汉：武汉大学出版社，2006：6.

二、口译的特点和分类

（一）口译的特点

从上述口译的定义与性质内容可以看出，口译跟笔译相比有相同之处，如它们都是传递信息的交际行为；但口译与笔译的不同之处才更能体现口译的特点，如口译不同于笔译的即时性体现了口译需要快速传递信息的特点。了解口译的特点有助于我们更好地理解口译的概念。口译的特点主要体现在以下六个方面：

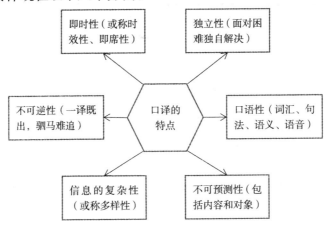

图 2-1　口译的六个特点

1. 即时性

即时性又称时效性、即席性，是口译最大的特点。这一特点的含义有两个，一是在原译文发出的同时（或间隔很短的时间之后），口译这一言语交际行为就随之产生，二是口译发生在讲话者、译者、听话者同时出现的场合，是一项现场性、公开性的活动。译者必须在很短的时间内完成对接收信息的甄别和转换，这样讲话者和听话者才能及时有效地得到自己所需要的信息，交际活动才能顺畅地进行下去。从理论上来讲，口译的过程分为理解、脱离源语语言外壳和重新表达三个步骤，但这三个步骤在很多情况下是瞬间或者同时完成的，译者基本上都没有时间反复思考，逐字推敲。

在这项活动中，由于讲话者输出的译文是一次性的，转瞬即逝的，因此译者接收信息的机会往往只有一次，如果实在有疑问或者不确定的地方，才能向讲话者再次确认。例如，在 2015 年全国政协会议的首场新闻发布会上，译者就对译文中"大家都很任性"一句中的"任性"一词进行了再次确认。但事实是译者不可能频繁地打断讲话者的发言或者屡次要求讲话者重复讲话的内容，甚至解释自己不懂的地方。① 以下为"大家都很任性"的译文出处及当时译者的翻译。

记者媒体提问：中国的反腐风暴不会停止，近期还会有更大的"老虎"落网，请问怎么理解"更大的老虎"？

回答问题的讲话者吕新华：党和政府以及人民群众在反腐问题上的态度是一致的，用网络热词来讲，大家都很任性，在这点上大家没有分歧。

现场译员的翻译：I should say, the Party, the government, and the general public actually adopt the same attitude when it comes to anti-corruption. So we can be said to be capricious in fighting against corruption, and we are entitled to be so.

2. 不可逆性

口译的不可逆性可以用中国的一句古语来概括，那就是"一言（译）既出，驷马难追"。这句话放在这是指译文一旦说出，就没有机会被追回。口译的这一特点是由口译的现场性决定的。上文说过口译的现场性是指原文的发出者（即讲话者）、译文的输出者（即译者）、译文的接收者（即听者）处于相同的时间和地点，所以译文一旦输出就被听者接收了，译者往往还没有时间和机会对译文进行改进或补充就要翻译下一段话了。比如上文提到的让译者感到困惑的"任性"一词的翻译，事后很多人指出 capricious 一词在英文中的意思是"多变、冲动、不可预测的"，用在此处表示反腐的态度是不合适的，但不管这个翻译词正确与否，这件事已经成为过去式了，译者已经无法对其做出任何改动了。

3. 信息的复杂性（多样性）

口译过程中译者需要翻译的信息内容复杂多变，主要体现在以下三个方面：

---

① 　郭本立. 简明口译实训教程 [M]. 广州：暨南大学出版社，2016：2.

一是口译涉及的主题或领域不是单一的，固定不变的，一个口译员总要适应工作中不同主题、领域的工作内容，如口译理论释意派的创始人塞莱斯科维奇女士就从事过政治、经济、医药、教育等上百个行业的口译工作。

二是即使在同一领域或固定主题的会议口译或者专业交流中，谁也不能限制讲话者讲话的内容不包含其他领域的知识。例如在一场有关科技发展的学术交流会上，讲话者谈到科技进步对教育资源均衡的影响；在外出游玩与人搭讪时提到当地的风土人情，民俗文化，乃至国际局势，国家政策；又比如我们历任领导人在会议讲话或回答记者提问时，喜欢引用诗词歌赋，鉴于诗词翻译本来就很困难，译者还要考虑中西方文化的差异和语言的工整和优美，要在很短的时间内口译出来，更是十分不容易。

下面列举一些我国领导人之前在会议上讲话或者回答问题时引用过的诗词，以及译者翻译的译文。

诗词原文：

（1）习近平：同时，世间万物，变动不居。"明者因时而变，知者随事而制。"要摒弃不合时宜的旧观念，冲破制约发展的旧框框，让各种发展活力充分迸发出来。（出自习近平在博鳌亚洲论坛 2013 年年会开幕大会上发表的主旨演讲）

（2）温家宝：我将在最后一年"守职而不废，处义而不回"，永远和人民在一起。（出自十一届全国人大五次会议 14 日上午闭幕，闭幕会后，温家宝与中外记者见面并回答的记者提出的问题）

（3）温家宝：亦余心之所善兮，虽九死其犹未悔。（出自温家宝总理在第十一届全国人民代表大会第三次会议闭幕后中外记者招待会上引用的古诗文）

（4）李克强：民为邦本，本固邦宁。政府工作的根本目的，是让全体人民过上好日子。（出自 2014 年两会期间李克强总理任职后的首份政府工作报告）

译员译文：

译文（1）：However, nothing in the word remains constant, and as a Chinese saying goes, a wise man changes as time and event change. We should abandon the outdated mindset, break away from the old confines that fetter development and unleash all the potential for development.

译文（2）：In my last year in office, I will not waiver and carry out my duties, and will remain true to my conviction, I will always be with my people.

译文（3）：For the ideal that I hold dear to my heart, I'd not regret a thousand times to die.

译文（4）：The people are the foundation of a nation, and a nation can enjoy peace only when its foundation is strong. The foundamental goal of a government's work is to ensure that every one lives a good life.

三是交际双方的社会文化背景信息以及讲话者说话的风格，讲话者的方言口音，讲话者说话时的语气表情、肢体动作也都承载着重要的交际信息，需要译者结合相关语言知识全方位、综合地进行考虑。[①]

4. 不可预测性

口译的内容不仅复杂而且不可预测，译者不能预测和想象可能谈到的话题、领域和术语，这给口译工作带来了很大的困难。以译者为参加广交会的公司做口译服务工作为例，在工作开始之前，译者可以根据参展公司提供的资料以及自己查到的相关领域的资料做一些译前准备工作，如了解相关行业的背景知识，了解公司的业务范围，公司产品的品质性能等，查阅并记忆相关专业术语表达，模拟客户可能会问到的问题等。

除了内容上的不可预测，口译服务的对象也有很强的不可预测性。因为他们来自各行各业，各个国家地区，他们的语言特点和说话习惯也因人而异，各有特点：有的语言长句较多，有的语言简短精练；有的人

---

① 韦长福，林莉，梁茂华. 汉越口译理论与实践 [M]. 重庆：重庆大学出版社，2017：4.

发音标准，有的人口音较重；有的人讲话思维敏捷，逻辑顺畅，容易让人抓到重点，有的人讲话逻辑不清，没有重点；有的人专业能力较强，表述专业程度高，有的人专业度不高，可能会用习语、俗语描述自己的想法，这些都是可能发生的。

5. 口语性

口译语言的口语性是口译区别于笔译的一大特点。口译语言的口语性特点主要包括两个方面的内容：一个是讲话者输出的源语言信息是口语形式的，二是译者翻译的目的语信息是以口语的形式表达和传递出去的。

由于口译活动是一种实时的交际行为，包括翻译一些实时演讲、会议发言等，因此，讲话者在表述自己的思想观念时运用的是适合实时交际活动的口语形式。就算有时讲话者会提前准备好演讲稿，演讲稿大多也是依据口语表达的逻辑思维撰写的，充满了口语思维的特点；更不用说有很多"临场发挥"的"即兴演讲者"，他们的语言表达方式更是充分体现了口语表达的同步性、简散性、临场性等特点。另外，由于口译活动的即时性和现场性特点，译者翻译的目的语信息也呈现出口语化的特点。也正是因为没有太多时间深入思考转瞬即逝的源语言信息，译者往往会使用一些简单易懂、不会有歧义的话语来表达源语言信息，只有这样才能让听者快速地掌握相关交际信息。

具体来分析，口译语言的口语性特点主要体现在四个方面，即词汇选择、句法层次、语义层面和语音层面[①]，如图 2-2 所示。

---

① 韦长福，林莉，梁茂华 . 汉越口译理论与实践 [M]. 重庆：重庆大学出版社，2017：4-5.

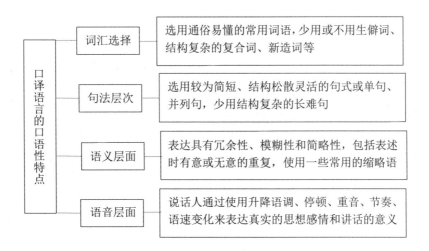

图 2-2 口译语言的口语性特点

总而言之，口译语言具有明显的口语性特点，译者在理解和翻译时要综合考虑以上需要注意的口语理解和表达因素，做到正确地揣摩讲话内容真正的含义，并运用恰当的表达技巧传递讲话信息。

6. 独立性

与笔译相比，口译是一项需要译者非常独立的工作。首先对于口译员来说，其工作的场景随着工作任务而变换，有时是严肃的商务谈判，有时是较为轻松的日常随行，是自己不能决定的，而笔译工作者往往可以自主选择工作的场合。其次在工作过程中，口译员和笔译工作者都可能会遇到各种各样的难题。例如，笔译工作者的问题主要集中在某个词句或篇章的翻译上，每当遇到问题，笔译工作者可以暂停工作，通过查阅相关资料或者请求他人帮助解决问题，实在困难的部分可以先略过，稍候再翻。而口译工作者可能遇到的问题更复杂，有时是主观因素，有时是客观因素。主观因素如自身承受的心理压力，自己的精力和体力，自身的理解、记忆、表达、沟通等专业知识技能；客观因素如工作设备、意外情况等，有些问题如工作设备需要维修可以通过其他工作人员解决，但绝大多数问题是需要口译员独自去面对的。对于口译员来说没有外援是很正常的，口译员需要完全依靠自己的认知知识和专业水平、沟通能力以及控场能力来解决问题，完成任务。

（二）口译的分类

根据不同的分类方法，口译可以分为多种类型。这里介绍四种比较常见的分类方法，即根据口译时间、口译空间、口译活动的主题场景和翻译的方向的不同区分口译的具体类型。

（1）根据口译的时间，即译者的时间工作模式，口译可分为交替传译（altering interpretation）和同声传译（simultaneous interpretation）两大类型，如图 2-3 所示。

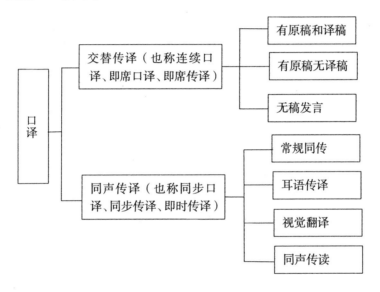

图 2-3　口译的分类——根据口译的时间

交替传译简称"交传"，采用这种口译形式的翻译过程是讲话者先进行一段时间的发言，译者在这段时间内可以记笔记，归纳讲话要点，等讲话者停止的时候要马上把这段话的翻译叙述出来，讲话者等译者叙述完再接着上一段的内容往下讲，并且在认为恰当的时候停下来让译者继续翻译，这是一个循环往复的过程。交替传译是最普遍的、常运用于涉外活动中的口译模式，很多场合都适合采用，如学术演讲、采访谈话、参观访问、商务谈判、外交谈判及各类致辞（宴会致辞、告别致辞等），以及各类会议发言，如新闻发布会、记者招待会、各种情况介绍会等。

同声传译简称"同传"，在同声传译的翻译过程中，讲话者"说"的动作和译者"翻译"的行为几乎是同时开始同时结束的，也就是说，译语的输出是在不打断讲话者发言的情况下进行的，译者需要像讲话者一样几乎一刻不停地输出。同声传译是国际会议召开时使用频率最高的一种口译形式。同声传译又分为常规同传、耳语同传等多种类型。不同的类型有不同的特点。例如常规同传（consecutive interpretation），或称电化传译（video-aid interpretation），在会议开始之前会为译者准备特制的工作间（同传间），同传间一般设有玻璃窗或者监视器，以便译者随时观察场内情况，耳机和麦克风也是必备的同传设备，耳机用于接听发言内容，麦克风用来输出译语。与同传间设备配套的是听众的耳机，即听众可以通过耳机选择接受翻译服务，一般耳机有不同的翻译语言频道。

耳语传译（whispering interpretation）顾名思义是指译者一边接收发言信息一边在听者耳边进行译语传递的口译方式，耳语传译服务的听众对象一般不超过三人；视译（sight interpretation）是指译者在工作之前提前拿到讲话者的书面讲话稿，如演讲稿、讲话提纲、演示文档等，在工作开始之后一边看稿一边听讲话内容一边口译，这种方式在一定程度上可以提高口译的准确度和工作效率；同声传读（simultaneous interpretation）是指译者拿到事先准备好的书面译文（别人或者自己翻译好的），然后一边听讲话内容一边宣读译文，需要注意的是此时译文内容需要根据讲话内容的变化而做出相应改动。

综上所述，交替传译和同声传译都属于比较高端的口译服务形式，相比较而言，同声传译比交替传译难度更高，对译者的要求也更多，从事同声传译的译者一般都经过非常专业的训练，否则无论一个人的外语水平多高，也无法胜任同传的工作。同传的难度大加上有时需要使用特殊设备导致同传的普及性没有交传那么广泛，服务费用也不如交传相对较低。但同传与交传相比具有以下优点，如图2-4所示。

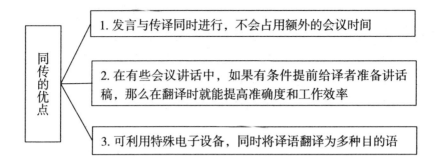

图2-4　同声传译的优点

（2）根据口译的场合，即译者的空间工作模式，口译可以分为现场口译（on-site interpretation）和远程口译（remote interpretation）。现场口译是指交际双方与译者同时处在交际现场，远程口译是指交际双方和译者分别位于两个或者三个不同的场合，译者需要通过网络、电话、视频等手段接收信息并传递信息。

（3）根据口译活动的主题场景，口译又可分为以下几类。礼仪口译（ceremony interpretation）：多应用在各种礼宾活动中，如招待会、庆祝会，开幕式、闭幕式，协议、合同的签字仪式等；宣传口译（information interpretation）：多应用在一些宣传性的活动中，如政策宣传、国情介绍、团体介绍、机构介绍、产品促销、广告宣传、学术讲座、文化交流等；导游口译（tourism interpretation）：多应用于外宾接待、景点介绍、外宾购物指导等活动中，在旅游接待部门如旅行社中较为常见；会议口译（conference interpretation）：多应用于各类会议活动中，如国际政治会议、国际经济与贸易会议、国际军事会议、记者招待会、国际学术交流会等。谈判口译（negotiation interpretation）：多应用于各类谈判场合，如国事会晤、双边会谈、外交谈判、商务谈判等。

（4）根据译语的流向，口译可分为单向口译（one-way interpretation）和双向口译（two-way interpretation）。单向口译指的是在翻译过程中源语言和目的语是固定不变的，译者始终将一种语言翻译成另一种语言，译语往一个方向输出。双向口译指译者在口译过程中对两种语言进行交替互译，译语往讲话者和听者两个方向来回流动。

三、口译员的基本素养

（一）口译员的职业素养

口译员作为口译服务的工作者，应同其他任何岗位的工作人员一样，具有良好的职业素养和过硬的专业素养。口译员良好的职业素养是指对待工作要有强烈的责任心，要时刻遵守行业的职业道德准则（或称行业标准）。有关口译的职业道德准则，国际口译界普遍认同的是《国际会议口译工作者协会关于职业道德准则的规定》（*Code of Professional Ethics*），除了这个国际口译员协会指定的准则之外，世界上其他国家和地区如欧洲、美国、中国、加拿大和澳大利亚也分别发布了自己的翻译职业道德准则。如图 2-5 所示。

欧洲	由欧洲标准化委员会通过的《翻译服务—服务规范》（*Translation Service-Service Requirements*）取代了德国和意大利等欧洲各国各自的翻译服务标准
美国	由美国材料与试验协会发布的 ASTM-F2575《翻译质量标准指南》（*Standard Guide for Quality Assurance in Translation*）指出："翻译质量不是指任何一个原文只有一个正确的、高质量的译文，质量指的是译作满足了供需双方所达成规范的程度。"
中国	我国于2006年颁布了国家级口译服务标准《翻译服务规范 第二部分口译》（Specification for Translation Service—Part 2: Interpretation）以规范我国的口译服务
加拿大	加拿大翻译公司协会制订了翻译"职业行为准则"（Code of Professional Conduct），要求其协会成员共同遵守执行
澳大利亚	澳大利亚翻译协会制订的"翻译职业道德准则"（Code of Ethics for Interpreters & Translators）被认为是该国的翻译职业标准

图 2-5　部分国家和地区翻译行业标准

综合以上不同版本的职业道德准则，结合口译工作的特点，笔者认为口译员应具备以下几种职业素养，如图 2-6 所示。

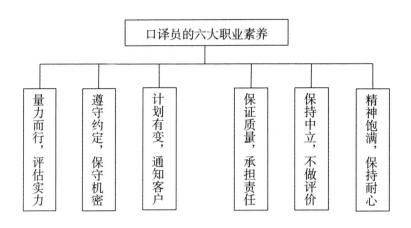

图 2-6　口译员的六大职业素养

（1）量力而行，评估实力。量力而行的意思就是根据实际的工作要求判断自己是否能胜任这份工作，如果工作的要求高出自己的预期，就要学会适当地拒绝，不可抱着试一试的态度，因为这样就无法保证翻译的质量。

（2）遵守约定，保守机密。口译员的工作有时会涉及政治、军事、商业机密或客户个人隐私利益，口译员应严格遵守事先与客户签订的保密条约或口头约定，为客户保守秘密，不能随意透露工作内容，影响工作信誉。

（3）计划有变，通知客户。如果自己临时有事无法担任口译员的工作，不可擅自将工作任务移交他人处理，应先告知客户，客户同意之后再做决定。

（4）保证质量，承担责任。口译员应保证翻译的质量，准确而清晰地传达发言人的信息和情感，对讲话内容不做删减或添加。

（5）保持中立，不做评价。口译员不对讲话的内容或观点发表自己的意见，不流露出个人喜好。

（6）精神饱满，保持耐心。口译工作是一项要求口译员时刻保持注意力高度集中的工作，因此口译员要想保持良好的工作状态，就要精神饱满，此外，面对工作中的困难和意外，口译员应保持良好的心态，对讲话者的发言要有耐心，不与交际双方发生冲突或矛盾。

（二）口译员的专业素养

要想成为优秀的口译工作者，口译员除了必须具备良好的职业素养以外，还要有过硬的专业素养，专业素养通常需要经过专门学习和强化培训才能获得。口译员需要具备的专业素养（图2-7）包括：

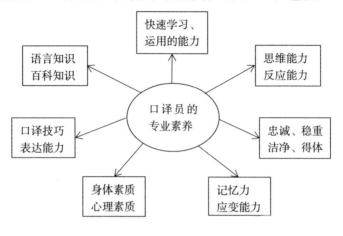

图 2-7　口译员的专业素养概括

（1）口译员必须较好地掌握两种或两种以上的语言知识，这是从事口译工作最基本的要求。此处"掌握"的含义不仅仅是指能听懂，更指熟练运用听、说、读、写、译的能力，具体来讲，口译员应具备丰富的词汇量、敏锐的听力和良好的语感，能在非常短的时间内组词造句。此外，口译员还应多了解各种文体和语体的风格，掌握尽可能多的词语、语句的翻译方法，如习语、俚语、术语、谚语，成语、诗词等。

（2）口译员应掌握丰富全面的百科知识。一名优秀的口译员只有扎实的语言基本功是远远不够的，由于口译工作内容涉及的业务范围十分广泛，口译员还应掌握尽可能多的知识面，如各种专业知识、政治经济知识、人文地理知识、商贸知识、法律知识、民俗知识、生活常识等，都要有所了解。

（3）口译员应熟练掌握口译技巧，拥有出色的表达能力。除了要具备扎实的语言功底和丰富的百科知识，口译员还要学会如何运用恰当的口译技巧表达需要传递的信息。口译的技巧靠的是日常的学习和积累，而口译工作的表达要求口译员做到心平气和，语速中等，音调准确，吐字清晰，用词恰当，语句通顺易懂，译文神形兼备，表达干净利落。

（4）口译员应具备敏捷的思维能力、快速的反应能力和灵活的应变能力。敏捷的思维能力能够帮助口译员迅速地分析和理解源语言的信息，快速的反应能力能将源语言迅速准确地转换成相应的目的语，而灵活的应变能力能够帮助口译员妥善应对突发的紧急状况。

（5）口译员应具备出色的记忆力和快速学习、运用知识的能力。口译工作的特点决定了口译员必须具备出色的记忆力。首先，口译工作的即时性、独立性、口译信息的复杂性决定了口译员必须独自面对和处理庞杂的信息，这就需要口译员运用出色的记忆力在大脑中储备好工作中可能需要用到的知识信息并使之保持在活跃的状态，以便可以随时调取；其次，口译工作的不可逆性致使口译员必须一次性记住讲话者的发言内容，尽管有笔记的帮助，但大部分信息还是要依靠口译员的大脑来记忆。

口译员需要具备快速学习和运用知识的能力是因为口译员要经常接触新的会话主题，这些新的主题知识口译员可能事先并没有接触或了解过，因此需要他们在短时间内进行高强度的学习，这样才能保证在工作时灵活运用这些知识。

（6）口译员应具备良好的身体素质和较强的心理素质。口译工作，不管是交替传译还是同声传译，都对体力和脑力有极高的要求，且有的口译工作还需要口译员出差，因此要想保证工作的质量，保持对工作的激情，口译员首先要拥有健康的身体和旺盛的精力。同时也因为口译工作的强度较大，加之部分口译场合氛围十分严肃，导致口译员往往需要承受巨大的心理压力，所以口译员需要有强大的心理素质和抗压能力，以防止因为怯场或心慌等情绪原因影响口译质量。

（7）口译员应具备忠诚、稳重的高尚品格和洁净、得体的仪表。口译员的高尚品格表现为在工作时忠于翻译内容，在讲话者发言时不插话，在发言未结束时不抢译；时刻谨记自己的站位，坚守自己的岗位，不喧宾夺主、炫耀自己的学识。因为有些口译员的工作涉及国家的外事活动，口译员的言行举止关系到国家的形象和民族的风貌，所以口译员要时刻注意自己的仪容规范，讲究社交礼仪和外事礼仪，改正不修边幅或不拘小节的习惯。

第二节　口译理论概述

口译理论研究的概念范围是非常广泛的，从宏观到微观，从社会文化领域到认知心理领域，可谓纷繁复杂。这时的口译理论研究就需要建构模式来突出表现口译理论研究中的某个或多个概念层次。口译理论研究中影响较大的几个模式分别是：口译信息处理模式、法国的释意理论、吉尔（Gile）的认知负荷模式、功能派的翻译目的论以及安德逊（Anderson）的认知三段模式。其中有关释意理论的介绍在本书第一章已有详细说明，此处便不再多言。接下来我们对除释意理论之外的其他四个比较重要的口译理论模式进行简要介绍。

一、口译信息处理模式

口译信息处理模式（information-processing paradigm）在口译研究发展的第二阶段流行过一段时间，它至今影响着口译研究的进一步发展。信息处理模式的内涵主要指借助认知心理学的概念和模式，把源语言与目的语之间的信息传递作为研究重点，认为影响翻译质量的重要因素是源语言的语法结构。此外，信息处理模式认为同声传译是一个系列过程，包括听、分析、储存及译文输出（即解码、转换复述、编码、翻译）等多个阶段过程，其中有些过程之间难免出现重叠现象，这些都是可以接受的，各个过程一起享有大脑有限的对信息的处理能力。

二、吉尔的认知负荷模式

认知负荷模式（the effort model）或称注意力分配模式，是由口译界著名的研究学者吉尔教授创立的口译模式理论。吉尔参考了心理语言学、认知心理学、社会学等多个学科的理论知识，并结合实践研究，论述了口译过程中口译员的精力分配模式。在论述的过程中，吉尔借用了学科理论中两个主要的认知概念，这两个认知概念是吉尔模式的认知基础，分别为"有限的注意力资源"和"任务的困难程度与任务实施的时限之间有很强的关联性"。

根据口译过程的阶段性特点，吉尔又提出了同声传译的口译模式、交替口译的口译模式、口译的理解模式和同传的精力需求模式。

（一）同声传译的口译模式

SI = L + M + P + C

即：同声传译（simultaneous interpreting）= 听力与分析（listening and analysis）+ 短期记忆（short-term memory）+ 言语传达（speech production）+ 协调（coordination）

（二）交替口译的口译模式

Phase I：CI = L + N + M + C
Phase II：CI = Rem + Read + P

即：连续传译（第一阶段）= 听力与分析（listening and analysis）+ 笔记（note-taking）+ 短期记忆（short-term memory）+ 协调（coordination）

连续传译（第二阶段）= 记忆（remembering）+ 读笔记（note-reading）+ 传达（production）

（三）口译的理解模式

C = KL + ELK + A

即：理解（comprehension）= 语言知识（knowledge for the language）+ 言外知识（extra-linguistic knowledge）+ 分析（analysis）

（四）同传的精力需求模式

TR = LR + MR + TR + CR

即：总需求（total requirement）= 听力需求（listening requirement）+ 记忆需求（memory requirement）+ 翻译需求（translation requirement）+ 协调需求（coordination requirement）

要理解吉尔提出的口译员的精力分配模式，首先要了解大脑注意力总量的概念。由于人的注意力有多少之分且注意力连续存在的时间是有限制的，因此，一定时间内人的大脑注意力总量是有限的。对口译员来说，在工作时间内大脑能提供的注意力总量也是有限的。例如，在上述同传的精力需求模式中，假设总需求 TR（total requirement）为口译所需要的注意力总量，TA（total capacity available）为可以供口译员使用的脑力总量，那么 TR 必须小于 TA。举例来说，人的大脑类似电脑的 CPU（central processing unit），是个容量有限的信息处理器，在固定的时间内不能处理无限量的工作。认知心理学家瑞德（Reed）也提出，人们在同一时间内能开展几项活动的能力是有限的，限制他们的是人体本身能提供和分配到这几项活动的智力和精力。

如果一个人在工作中需要的注意力总量超过了大脑提供给他的注意力总量，那么这个人工作起来肯定目不暇接，或者在仓促地完成了工作总量后发现没有达到令人满意的工作效果。同样的道理放在口译员身上也是这样，如果口译员在工作中所需要的注意力总量超过了大脑可供使用的总量，口译工作中就可能产生信息遗失或者意义错误等不良现象，即漏译、错译等情况，这种情况下口译的质量就很难过关。

理解了上述概念原理再来分析同传的精力需求模式就可以看出：同传是一个三种精力交替共存的配合过程，这三种精力分别是听力理解与分析、短时记忆和同传产出。

在这个配合过程中，不管口译员处于处理任务的哪个阶段，这个阶段的任务都需要消耗他一部分的精力。三种精力的协调、分配和运用是同声传译这项工作的重中之重。如果口译员在进行翻译工作时需要处理的不只是这三种精力的协作配合，还有其他影响工作的相关的内容，口译员处理信息的任务和压力就会加大。

上文我们提到了吉尔模式的认知基础是"有限的注意力资源"和"任务的困难程度与任务实施的时限之间有很强的关联性"，因而注意力资源是认知基础的重要组成部分。基于对注意力资源的研究，吉尔提出了注意力的模式概念。注意力模式可以分为三个更为细节的模式，如图 2-8 所示。

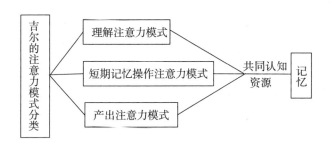

图 2-8　吉尔的注意力模式分类

三种模式共同的认知资源是记忆，记忆模式的认知基础由短期记忆共存和短期记忆操作两部分构成，这两部分内容也是记忆在注意力三种模式之中不同含义的体现。

首先，在同声传译的过程中，短期记忆又可分为感觉记忆和工作记忆，这两种记忆中都包含源语信息成分和目的语信息成分。在交替传译的过程中，短期记忆中除了源语信息成分之外还有交传笔记的部分信息内容。短期记忆行为中源语言和源语目标成分共同存在于口译员的大脑中，这一现象被看作是吉尔口译理论中的记忆力模式的认知理据之一。这是一种特殊的共存现象，不会发生在普通人讲话的记忆中。

其次，在控制时间的操作方法上，口译员需要根据实际情况安排翻译活动中的间隔时间 EVS（ear-voice span）。此处说的间隔时间是指口译员听到源语之后到口译员说出目的语时的时间间隔，也就是口译员的耳朵接收到源语信息到口译员用译语将源语信息表达出来的时间间隔。需要强调的是，这里所说的间隔是指自动记忆操作之外的那一部分，也就是记忆力容量限制的含义。

吉尔的认知负荷模式作为制约口译操作的模式，它的优点在于操作性很强，并且能很好地解释、分析口译过程中的错译、漏译现象。当然它也有不足之处，有的翻译家认为，认知负荷模式重在操作，不属于口译过程的认知结构理论，因而无法深入且全面地解释口译的心理过程。龚龙生则表示，要想揭示口译的心理过程，还需要认知科学、神经语言学、心理语言学等多学科乃至跨学科的研究成果。①

---

① 龚龙生.释意理论对我国口译研究的影响 [J].宁夏大学学报（人文社会科学版），2008（04）：155-161+166.

三、功能派的翻译目的论

1978 年，德国的汉斯·弗米尔（Hans Vermeer）发表的《普通翻译理论的框架》标志着功能派翻译理论的诞生。在《普通翻译理论的框架》一文中，汉斯·弗米尔总结分析了当时以语言学派研究为主的形式各异的翻译理论，并发现了它们的问题和不足之处。针对这些不足之处，弗米尔第一次提出了翻译目的理论（skopos theory）。弗米尔提出的翻译目的理论注重翻译中的社会文化因素和翻译的交际功能，把文本目的作为翻译过程的第一准则。文本的目的即目的语译文预计达到的交际功能或交际效果，注重文本目的应该是在分析原文的基础上。

功能翻译派是迄今为止德国最有影响力的翻译学流派，在中国也有很多支持者。功能翻译派的代表人物除了弗米尔之外还有他的老师赖斯（Katharina Reiss），他们二人的弟子或追随者诺德（Christiane Nord）、曼塔利（Justa Holz Manttari）等。

（一）目的论的形成

目的论的形成可分为三个阶段。

第一阶段，功能派理论思想雏形初现。1971 年，赖斯发表了著作《翻译批评：潜力与制约》（*Translation Criticism：The potentials & Limitations*）。此书一共阐述了作者的两个论点，即一方面翻译要以源语言作为中心，理想的译文应该与原文在概念内容、语言形式和交际功能这三个方面对等；另一方面，有时因为特殊需要，译文要与原文具有不同的功能，这时译者应该注重译文的功能特征而非对等原则。

第二阶段，弗米尔认为单凭语言学的研究是无法解释翻译问题的，与此同时，他指出了以源语为中心的等值翻译理论的不足之处，创立了功能翻译学派的目的论。弗米尔借鉴了行为学理论的研究成果，对翻译行为的本质进行了论述。他认为翻译是人与人之间交际目的明确的行为活动，这种行为活动的开展受多种条件的制约，译者在翻译时必须考虑这些条件因素，如委托翻译人的要求，译文读者或听者的情况，翻译的目的等。翻译不是把原文的所有信息一字不差地翻译出来，而是要结合实际情况进行选择性的翻译。

第三阶段，目的论在曼塔利的努力下得到了进一步的发展。曼塔利提出了翻译中信息传递的概念，并对这一概念进行了解读，指出在翻译活动中信息的传递就是各式各样跨文化的语言、文化的交换过程。与此同时，她还认为翻译是一项具有特定目标，为实现特定目的而开展的复杂活动。随后，翻译家诺德发展了目的论的翻译原则，把"忠诚"原则加入到了目的论的翻译原则中，使目的论得到了进一步的完善。诺德为了让世界上其他国家的翻译家们接触和了解目的论，还用英文系统地总结了功能学派的主要思想。

（二）目的论的基本原则

翻译的目的论首先将翻译定义为一种交换信息的跨语言、跨文化的交际活动，因此翻译不是简单的语言文本符号的转换，原文只是译者传递的众多信息中比较重要的一种，不是决定译者做出最终的翻译选择的依据。译者是翻译要求和原文的接受者，是翻译活动中重要的工作服务人员，有他才能使翻译活动变为现实。目的语译文的目的是由发出翻译邀请的交际一方和译者共同协商决定的。尤其是当邀请翻译的一方由于各种因素的影响而对翻译的目的不是很明确时，邀请翻译的交际一方更需要和译者说明自己的翻译要求。在翻译要求确定下来之后，译者以此为指导，翻译出符合目的语表达功能的译语文本。

翻译的目的论理论强调翻译行为的目的是决定翻译手段包括翻译的方法策略选择的根本因素，这也是目的论区别于传统翻译等值观的最大特征。目的论提出翻译需要遵循的原则分别是"目的原则""连贯原则"和"忠实原则"。在这三条原则之中，目的原则最重要。它们之间的具体关系是忠实原则服从于连贯原则，忠实原则和连贯原则都服从于目的原则。例如，目的原则要求译文不需要特别通畅，那么翻译时就不需考虑连贯性原则，如果目的原则要求译文与原文功能不同，那么翻译就不用考虑忠实原则。

1. 目的原则

目的论认为翻译中有三种特定的目的，分别是译者的目的、译语的交际目的以及采取某种特殊翻译手段想要达到的目的。翻译是根据这些特定的目的，在特定的环境里，为特定的目的语接收者进行信息传递的行为。翻译行为离不开目的，目的原则因此是翻译行为应当遵循的首要原则。目的原则中的"Skopos"原是希腊语，翻译成中文意思是"目的、动机、机能"。目的原则的基本观点是：目标文本功能在目标文本产生的过程中起决定作用，目标文本的功能即翻译行为所要达到的目的，这个目的根据翻译发起者的要求决定。在开展翻译之前，首先要确立目的，将翻译任务具体化，之后译者再根据详细具体的翻译任务选择合适的翻译方法和策略。

2. 连贯原则

连贯原则（coherence rule / intra-textual coherence）是目的论的基本原则之一，连贯原则具体指的是翻译后的目的语译文在句型结构上应当语句通顺，句式连贯，在篇章结构上应当逻辑顺畅，重点突出，在目的语的交际环境中有实际意义，最终达到被目的语读者或者听者接受并理解的目的。

3. 忠实原则

忠实原则（fidelity rule / inter-textual coherence）相当于其他翻译理论的忠实于原文原则，指译文和原文之间的语际连贯性。但翻译的目的决定忠实于原文的程度与形式。

（三）目的论对口译的指导作用

翻译目的论拓宽了口译研究的视野，推动了翻译理论的发展，提供了口译实践的全新思路，对灵活运用各种翻译方法来解决口译的疑难问题起到了很好的指导作用。接下来我们从目的论的三个观点来对其进行具体分析。

1. 口译本质上是一种跨文化交际活动

口译是一种翻译行为，也是一场交际活动，开展口译行为的目的是实现跨文化之间的顺畅交流。来自不同国家、地区、民族的人们由于地理环境、社会文化、语言系统等方面的差异，导致彼此之间的价值观念和思维模式差别很大。一方认为十分平常的表达方式对另一方来说可能并不理解。口译员作为跨文化交际的中介，在翻译的过程中应充分发挥自己的跨文化交际能力和翻译能力，采用各种方法达到交际目的，满足双方的交际需求。口译员需要特别注意的不是目的语和源语言的文本对应，而是两种语言的功能对等。口译员要当好文化沟通的桥梁，充分了解双方的文化个性，做到"知情""达意"。

2. 译文应做到语内连贯和语际连贯

首先，译语信息与源语信息必须紧密相关，口译员在任何情况下都要注意还原源语说话人想要表达的信息，不能随意编造译语；其次，译文必须具有逻辑性，如同人与人交谈要有重点一样，译文要能完整地表达源语的中心思想。

3. 口译的口语性给翻译带来的问题

口译的口语性是口译区别于笔译等其他翻译类型的重要特点。口语性带来的信息的模糊性与松散性问题是口译员需要注意解决的。在口语中，由于讲话者有较大的自由度，有时会省略或者简化一些信息，或者因为边思考边说话而说出一些重复、多余的词。这时口译员就应适当地对源语中的信息进行简化或加工，对评价意义进行增加、删减或者改变评价的标度以避免说话人话语中的不确定因素可能造成的误解，达到准确传达信息并顺利交际的目的。

四、安德逊的认知三段模式

认知心理学界和语言心理学界针对人的认知模式进行了深入的实验研究，国外学者安德逊从实验成果中总结出了一条极为重要的结论，即人的思维到话语的全过程主要分为三个阶段，故而提出了"三段式认知程序模式"。针对该模式，我国学者刘宓庆则通过有关研究，将其认定为翻译过程中的生成模式，以下三个阶段的认知则为其具体表现。[①]

第一阶段：作为表达自身思想的阶段，亦可成为思维构建阶段。该阶段中最主要的任务就是将所要表达的思想加以高度明确，同时要将源语言信息的全部意义加以合理把握。其中，最为关键的因素是要做到对源语言信息的整体性理解。

---

① 刘宓庆. 口笔译理论研究 [M]. 北京：中国对外翻译出版公司，2004：49.

第二阶段：作为思想转化为语言形式的阶段，通常可将其认定为思维转化。这一过程的主要目标是将源语语言的意义转化为目的语语言的形式，其关键是找到合适的对应表达方式。

第三阶段：用目的语的形式进行重新表达的阶段，亦称之为思想外化阶段。这一阶段的主要目标是将目的语信息的言语表现形式转化为口译交际活动服务的翻译行为，这个阶段的关键操作在于目的语的具体表达。

刘宓庆对安德逊的"三段式模式"展开了研究并将此模式总结为"三个目标"和"三个关键"，[①] 进一步说明了该模式与单语交际存在的差异，也说明了口译员在每个阶段要进行的工作。例如，在第一阶段口译员要充分理解讲话人的源语思想并将其转变为自己完全理解的信息，在第二个阶段口译员就可以开始进行思维转换，将源语言的信息转换为目的语的表达方式，在第三阶段口译员开始表达，将表达的形式转变为具体的翻译行为。转换和表达的基本保证是译者能够把握源语所传递的意义，且拥有同讲话人相当的认知知识和语言水平。笔者则认为安德逊的认知三段模式同释意理论强调的"理解—脱离源语语言外壳—表达"的原则是一致的，只是思考问题的角度和表述方式有所区别。

第三节　口译的发展历程

一、口译研究的发展

（一）西方口译研究发展

自语言诞生之后，不同的语言群体之间出于相互交流的需要，就催发了口译这一交际行为的出现。口译作为一种交际的行为或者现象，在很久之前就已经产生了，但口译作为一种职业登上国际历史舞台却要从

---

① 刘宓庆. 关于翻译学性质与学科架构的再思考 [C]//. 汉英对比与翻译国际研讨会暨中国英汉语比较研究会第五次全国学术研讨会论文集，2002：128-137.

第一次世界大战末期的巴黎和会说起。1919 年的巴黎和会因为国际形势的需要第一次打破了法语在国际会议和外交谈判场合的垄断地位，而是依靠英语和法语两种语言的翻译完成了谈判。第二次世界大战之后，随着各种国际组织的成立与发展，人们对不同语言之间快捷有效的口译需求日益增长，在这期间欧洲率先推出了各种有针对性的翻译训练项目，欧洲的学者也开始了对口译研究的初步探索。

1. 西方口译研究的四个阶段

口译研究界的代表学者丹尼尔·吉尔（Daniel Gile）将西方口译研究的发展历程划分为四个阶段，如图 2-9 所示。

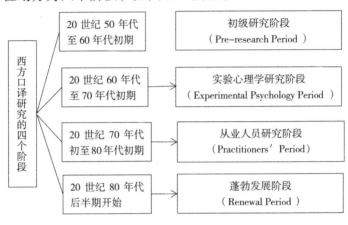

图 2-9　西方口译研究的发展历程

第一阶段的，初级研究阶段的研究理论性并不强，研究主要从口译员的视角出发，谈论了口译员的工作经验，口译员对口译行为的认知，对工作环境的观察和思考。研究的问题包括口译员在实际工作中的一些心得体会，如口译工作中遇到的问题，口译工作对口译员语言和知识方面的各种要求，影响译语产生的因素，等等。1952 年出版的霍伯特（Jean Herbert）的《口译手册》和 1956 年出版的罗赞（Jean Rozan）的《连续传译中的笔记》是这一研究阶段的经典著作，其中罗赞总结的关于交替口译笔记的基本原则和方法影响了一代代口译人，至今仍得到翻译界的广泛认可。如果用今天的学术标准来判断，这两本著作是缺乏科学理论依据的，但是它研究的内容确实涉及口译研究的一些基本课题。

　　第二阶段的实验心理学研究阶段顾名思义，是将心理学相关研究融入口译研究的一个阶段。实验心理学研究阶段的代表学者有 Gerver 和 Barik，他们的研究特点是把口译（主要是同传）作为实验心理学的研究对象。具体来说，这个阶段主要是一些心理学家和心理语言学家运用心理学和心理语言学的理论知识分析口译的认知过程，并对口译的过程做一定的假想。除此之外，他们还分析了影响口译的变量因素，如源语言、讲话时的噪音、讲话的速度、源语和译语两种语流的时间差（Ear-Voice Span，简称 EVS）。心理学方面知识的融入使口译研究进入了认知科学领域，为今后口译程序、口译思维的研究打开了新的思路。

　　第三阶段的从业人员研究阶段也就是本文重点讨论的释意理论的诞生与初步发展阶段，这一阶段的研究强调口译以意义翻译为中心，看重"人"在翻译中的作用，研究特点是以内省式和经验式的理论推演为主要研究方法，缺少实证性研究。

　　最后一个阶段是蓬勃发展的阶段，这一阶段的重要转折点是 1986 年在意大利举办的一次重要的口译会议，自此实证研究受到重视，口译研究开始更注重研究的学科性和跨学科性。主要表现在研究群体、研究成果、研究主题和研究科学性的变化，如图 2-10 所示。

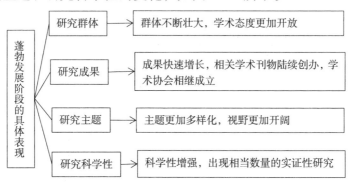

图 2-10　西方口译研究蓬勃发展阶段的四个表现

2.西方口译研究的特点

（1）注重会议口译研究。上文提到过口译有很多分类，如按照口译活动的主题场景，口译可分为礼仪口译、宣传口译、导游口译、会议口译、谈判口译等，每一种口译都会有相对应的口译研究。由于时代背景的发展和现实情况的需要，会议口译研究在西方众多的口译研究中脱颖而出，成为研究进行得最多、最为系统的一个研究主题。西方最早研究口译时就把会议研究当作研究的对象，发展到今日，会议研究相对于其他类型的口译研究来讲研究水平更高也更成熟。

（2）研究角度各有差异。在口译研究的各个发展阶段，研究者从不同的角度对口译的各个问题进行了研究与论证，以下角度是目前为止影响最深、最广泛的四种。

一是口译研究的信息处理范式，信息处理范式借用了认知心理学的概念和模式，把源语和译文之间的信息传递当作研究关注的重点，把源语言的语法结构当作造成翻译困难的重要因素。同声传译是一个多阶段的系列过程，其中有些过程之间允许有重叠，各过程都依靠人脑的总体处理能力来进行。

二是把意义单位当作口译研究的基础，即法国的释意派理论以意义单位为基础，将口译的过程划分为三个阶段：理解、脱离源语语言外壳和重新表达。释意理论应用在口译训练实践中，要求学生在学习口译之前就完全掌握工作涉及的语言，训练中强调对翻译内容的理解，强调要排除各种因素的干扰保证翻译内容的准确性。

三是从神经心理学角度，主要研究口译员在进行口译时脑神经的活动反映以及口译员脑组织的偏侧性。口译神经心理学的研究以意大利的里雅斯特大学（University of Trieste）为研究基地（里雅斯特大学在口译界很有影响力）。

最后，当今最流行的口译研究角度是对口译进行跨学科实证研究。跨学科实证研究指不遵循单一的理论指导，而是结合其他相关学科的理论知识对口译进行实证研究。法国的丹尼尔·吉尔（Daniel Gile）教授从事了大量的实证研究工作，是跨学科实证研究的代言人。

（3）五大研究主题。在口译研究的发展历程中有很多值得关注和探讨的问题，而在西方口译研究中有五个研究主题是最为普遍和热门的。这五个研究主题分别是：口译训练、语言问题、认知问题、质量问题和从业问题。

口译训练：口译训练是长盛不衰的口译研究题材，口译训练相关文献研究的主要内容是口译训练的理论原则和方法策略，除此之外，还会对不同地区、不同训练项目进行介绍。口译训练研究一直存在的原因有两个，首先是口译理论研究的主要应用价值之一就是口译训练，其次是很多口译工作者就是教授口译的教师，他们能将口译训练的理论和实践进行较好的结合。

语言问题：口译是语言之间的转换，是复杂的双语活动，因此语言问题也是口译研究的热点之一。口译研究涉及的语言问题主要包括语言的特殊性、口译中的语言方向、目的语的准确性、语言的韵律、语体风格等。此外，研究人员还针对语言能力的培养、不同语言之间的对比，语言的难易程度对口译的影响等问题展开了论述。

认知问题：口译研究中对认知问题的关注不曾减少。从口译研究发展的第二个阶段到如今，研究人员先后对口译时的错译漏译现象、同声传译的时间变量、高语速及噪音情况的处理、口译过程中口译员的心理活动等问题进行了研究。研究人员还利用认知心理学概念发展了同声传译的模式。

质量问题：口译的质量问题从 20 世纪 80 年代中期开始成为实证研究的热点，不同的研究者对口译质量问题的看法各不相同。有的研究者认为口译作为一种交际行为，交际的效果是判定口译质量的标准；有的研究者认为不同的客户对口译质量的要求不同，如有的听者要求直译，有的听者要求逻辑清晰、语言连贯，还有听者要求信息的完整性，等。

从业问题：由于口译问题的研究者大部分是口译从业人员，他们对口译员这个职业的研究也较为热衷。一些从业问题如成为优秀口译员需要具备的品质、口译员的工作环境、口译员的社会地位也是口译界比较关心的研究热点。值得一提的是，除了上述研究主题外，随着信息媒体技术的传播与发展，一些新兴的行业如电话口译、可视口译及媒体口译也逐渐发展成口译界关注的研究题材。

（二）中国口译研究发展

1. 中国口译研究的四个阶段

与西方口译研究的四个阶段类似，中国的口译研究发展历程也可划分为四个阶段，从 20 世纪 70 年代末到现在，分别是萌芽期、初步发展期、新兴期和多元发展期，如图 2-11 所示。

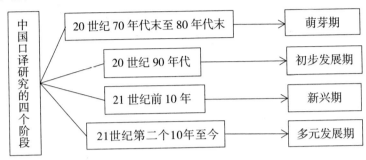

图 2-11　中国口译研究的四个阶段

接下来我们简单叙述一下中国口译研究在这四个时期的发展情况。

（1）萌芽期中国口译研究讨论的问题基本上是经验分享层面的，受时代因素的限制，这一时期的口译研究相关论文只发表在外语核心期刊上，且只有不到 30 篇。

（2）步入 20 世纪 90 年代的中国口译研究迎来了初步发展时期，这一时期相关研究人员开始将实际经验研究与口译理论指导相结合，如刘和平等人对口译教学理念的探讨，但主要讨论的内容还是以口译技巧为主的经验总结和教学方法。此时发表在外语核心期刊上的口译研究论文已有 110 多篇。与此同时，部分高校在国家政策的支持下开设了专业口译课程，为以后的口译研究和应用培养了人才。而在 20 世纪 90 年代中后期召开的全国口译理论与教学研讨会更是标志着中国口译研究初步进入有研究领域意识的发展阶段。

（3）在 21 世纪的前 10 年，中国的口译研究进入了新兴期。这一时期口译研究的发展主要表现在三个方面。首先，口译研究者更加注重对口译理论如口译内在规律的研究，他们发表在外语类核心期刊的论文已有 250 余篇，并且论文的科学性、规范性较过去相比有很大提升。其次，北京、上海、广东等地的高校先后开始了口译研究方向高级人才的培养。最后，每两年召开一次的全国口译大会对中国口译研究的口译专业化、市场化，口译理论及跨学科研究等问题进行了讨论。

（4）从 2010 年开始，中国口译研究进入多元发展期。这一时期中国高校更加注重翻译专业人才的培养，相继设立了翻译本科和硕士学位，同时部分口译学者开始与国际口译学术界进行互动，把中国的口译研究展示给世界。

截止到 2017 年关于口译研究的学术论文的发表数量已超过 300 篇。实际上，这一时期的口译研究成果不仅数量持续增长，研究主题也呈现出多元发展的态势，研究方法与之前相比也有创新之处。

2. 中国口译研究的特点

中国口译研究的特点主要体现在两大方面，一个是口译理论的引进和发展，另一个是口译研究内容的跨学科、全方位发展。

（1）口译理论的引进和发展。中国口译的理论研究基本上是先学习西方的翻译口译理论基础，然后对其研究成果进行实践、评价和扩展。如法国释意学派的释意翻译理论、法国的吉尔教授提出的认知负荷模型与来自德国的功能翻译理论等，中国学者都对其进行了深入研究。

（2）口译研究的跨学科、全方位发展。中国的口译研究在初期只是围绕口译员内省式的经验分享开展研究，现在口译研究的范围已扩展为口译基础理论研究和口译应用研究两个部分。研究的模式也由最初的问题描述式发展为跨学科、全方位的剖析式，研究模式的变化如图 2-12 所示。

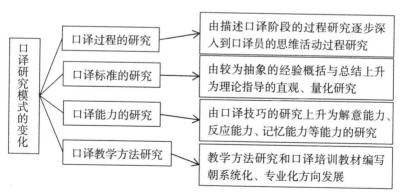

图 2-12　中国口译研究模式的变化

二、口译实践的起源与发展

在标志着人类文明诞生的石器时代，部落与部落之间因为语言不通开始进行口译交流，从此，口译这种交际行为便产生了。据史料记载，无论是西方的口译实践活动还是中国的口译实践活动，都有几千年的历史。首先，我们来看中国的口译发展历史。

（一）中国口译发展史

中国的口译活动可以追溯到夏商时期，早在夏朝建立之后，华夏民族就开始与外族人士接触，我国的外交口译活动就已经开始了。之后随着朝代的变更发展，口译活动也在不断地发展。在我国的翻译历史上曾涌现出三次翻译的高潮，每次涉及的重点都各不相同：第一次是佛经翻译，从东汉末年开始，到南北朝进一步发展，一直到元代逐步进入尾声，翻译的目的是传播佛教的宗教信仰；第二次是科技翻译，盛行于明末清初，为的是学习西方先进的科学技术和制造技术；第三次是政治思想与文学翻译，发生在鸦片战争之后，五四运动之前，目的是为了让更多的人了解民主的政治思想，推翻封建主义和帝国主义的统治。我国的口译活动伴随着历朝历代的发展，在外交活动、佛经翻译、外贸活动等方面发挥着重要的作用。接下来，我们就从外交活动、佛经翻译、外贸活动这三个方面分别阐述一下我国口译实践的发展。

1. 中国外交口译发展史

据《册府元龟·外臣部》记载，"夏后即位七年，于夷来宾"，"少康即位三年，方夷来宾"，说明我国的外交口译活动早在夏商时期就已开始。西汉时期，匈奴屡犯边关，汉武帝刘彻派张骞出使西域，联合各国孤立匈奴，同时派将军卫青、霍去病等人率军击退匈奴，保卫国土。匈奴逃走后，我国与西域各国相处和谐。东汉时期，汉明帝刘庄派班超出使西域，与西域各国巩固外交关系，《后汉书·孝和孝殇帝纪》曾记载："偏师出塞，则漠北地空；都护（班超）西指，则通译四万。"这句话的意思是匈奴逃走后漠北一带无人居住，班超出使西域，降服了西域各国，中原语言在四万里土地上被传播、翻译。

三国时期，《三国志·魏志》记载了如倭人国、鲜卑国、夫余国及西域各国等国与中原魏政权往来时的译人译事。南北朝时期我国的使节往来活动比三国时期更甚，口译活动愈加频繁。据《梁书·诸夷传》等书记载，与我国南朝通使的国家就有干陀利、顿逊、天竺、师子国等国。魏晋南北朝的分裂割据局面随着隋朝的建立结束，同时我国的疆域也相应地扩大：东、南至大海，西至且末，北至五原。统一的政权促进了外交活动的进一步开展，中外使者往来频繁，商品贸易发展迅速，中国成为了当时的政治、经济、文化交流的中心。

唐朝是对外交往的鼎盛时期，唐太宗反对"贵中华，贱夷狄"的观点，采纳大臣"偃武修文，中国既安，四夷自服"的策略，使我国的对外交流活动出现繁荣发展的局面，与我国通使往来的国家达 70 多个，因此译事频繁。

五代十国时期政权林立，朝代更换频繁，影响了与邻国的往来，但重要的传统外交关系如与日本、新罗、高丽、天竺等国的友好往来并未中断。之后，五代十国的战乱局面随着宋朝的建立结束。宋朝时期不仅保持了与东南、东北国家的友好往来，还恢复了与中亚、西亚国家的外交关系，甚至也有非洲国家使节来我国交流访问。宋朝与高丽的往来尤为频繁，据史料记载，仅北宋期间，高丽来使就高达 63 次，我国出使高丽也有 24 次。

元朝结束了宋、辽、西夏、金以来多民族政权长期并立的局面，且几乎一直处于对外征战、开拓疆土的过程之中，因此交往范围广泛，道路畅通，外交与军事活动交织在一起，经济文化交流频繁，议事活动也随之繁忙起来。朱元璋建立明朝之后，对内实行"安养生息"政策，对外采取睦邻安邦策略，结束了元朝时期的对外扩张活动。后来明成祖朱棣派郑和下西洋，设四夷馆、会同馆，开启了中国外交的另一鼎盛时期。明成祖曾遣使东南亚和南亚 60 多次，同时明朝与朝鲜一直保持着长期友好相处的模式，万历年间更是两次派兵援助朝鲜抵御日本的侵略。在明代，翻译官员在外交活动中不仅担任翻译工作，有时也会受遣直接担任使节的角色。明朝后期，因为西方殖民者的入侵，中国朝廷开始施行海禁政策。

清朝自 1875 年首次派遣大臣出使英国设置使馆以来，一直沿用明朝的闭关锁国政策，仅与朝鲜、越南、缅甸等邻国维持着所谓的"朝贡"关系。19 世纪 60 年代以后，清朝被迫同意列强各国在华设立外交使馆，派驻外交大使，开展政治军事交流，直到1949年中华人民共和国的成立。

1949年以来，随着中国政治、经济、军事各方面实力的增强，我们与越来越多的国家建立了平等的外交关系，开展了各个方面的外交活动，此时的口译工作也越来越多。受国际环境的影响，在新中国成立以后较长的一段时间里，中国有不少学校在教授俄语，导致不少人的俄语口译水平较高。1979年高考恢复，随后邓小平提出改革开放的政策，应时代的要求，全国各大院校开始着重培养英、法、日、德等各类专业口译人才，中国的口译队伍逐步得到充实。

当今，由于中国开展的外事活动越来越多，与国外的交流与沟通也越来越频繁，口译人才的需求量也逐渐上升。很多外交活动集中的城市如北京、上海、深圳都在大规模地培养口译人才。全国口译大会每两年举办一届，会议期间国内外口译研究的专家、学者和业界代表齐聚一堂，共同探讨口译发展，促进了全国口译教学、口译研究的发展和口译行业的进步。此外，国家人事部举办了翻译资格证书等级考试，教育部举办了口译资格证书考试，上海市也开展了英语中高级口译资格证书考试。全国许多高等院校都开设了口译课程，目前不只有口译专业的学士学位，还有了口译专业的硕士和博士学位。

2. 中国的佛经口译发展史

佛经的翻译在我国的翻译史上有着举足轻重的地位，对我国翻译事业的发展产生了深远的影响。佛经翻译对我国文化的发展尤其是宗教文化以及对外交流文化的发展也有深刻的影响。在佛经的翻译活动中，口译活动又是十分重要的组成部分，尤其在早期的佛经翻译活动中，口译员口耳相传地将梵文译为汉语、藏语、胡文等佛经文字是非常重要的。

我国的佛经口译史已有两千多年，西汉时期一名叫伊春的人来到中国开始口传佛经，标志着我国佛经口译史的开端。东汉时期，安息国的太子安世高博览经藏，精通阿毗昙学，一心想出家修佛，并前往西域各国游化。汉桓帝建和时期，安世高来到洛阳弘扬佛法，随后又前往广州、豫章、会稽等地，在前后30余年的时间里，他一边学习汉语一边翻译经书。同一时期的高僧支谶擅长传译，他将天竺人在汉桓帝时期带来的胡本《道行经》传译为汉本，孟士元笔录成文。支谶所译为大乘佛法，因此他被称为大乘佛法的创始人。

魏晋南北朝时期的佛经口译活动更加频繁。晋武帝年间，竺法护口诵胡文佛经，由安文惠与帛元信传译为汉语。竺法护口译佛经达半个多世纪，所译佛经数量巨大，内容丰富，为大乘佛教在我国的广泛传播立下了不可磨灭的功勋。

到了唐朝，佛教的发展受到当权者的重视，加上国力强盛，政治、经济、外交发展迅速，因此这一时期的佛经口译活动十分频繁。玄奘，又称"三藏法师"，曾历经艰险去往当时的佛国圣地印度学习佛法，论经讲学。贞观十九年（645 年），玄奘携带大量佛教经律返回长安后，组织了庞大的译场翻译佛经，先后译出佛经经论 75 部，可谓是我国佛经翻译史上最伟大的翻译家之一。

唐朝末年，译经活动一度中断，到了宋朝，天竺刹帝利族人法天与其兄法护在宋太祖时来华了解了中国佛教发展的现状，之后开始筹建译经院，使我国的译经事业得以存续。北天竺迦湿弥罗国人天息灾兄弟于宋太宗兴国五年（980 年）来华后，与法天一并被宋太宗赐予明教大师、传教大师与显教大师的称号，开始扩建译经院。这三人的汉文都很好，所以由他们自己口诵并传译经文。元朝时期，中国的统一为当时的佛经口译事业奠定了良好的基础。基于当时多民族融合的特点，蒙、汉、藏等能与其他国家民族交流的口译人才受到重视。蒙汉互译和其他文字的互译，是当时口译事业活动的特点。除此之外，元朝的当权者为了把佛教作为统治人民的工具，大力倡导佛学翻译，尤其是蒙藏佛学文字的互译。

到了明清时期，佛经翻译仍在继续，尤其是到了清朝，藏经文的翻译工程十分浩大。这种声势浩大的经文翻译，同样需要大量的口译人员，从而也促进了佛教口译事业的发展。

鸦片战争开始后至 1919 年五四运动期间的翻译活动主要是西学翻译，口译活动以洋人的外交事务、洋人教会的口译活动以及书籍翻译的口授活动为主。清朝廷开展的洋务运动以"中学为体，西学为用"为主，因此介绍西方工业、文化、教育的口译人员增多了，在这一时期和随后的抗日战争时期直至中华人民共和国建立，佛教翻译活动居次要地位。

1949 年之后，中国政府提倡宗教信仰自由，宗教文化事业百花齐放，百家争鸣。佛教作为中国五大宗教之一逐渐复苏，佛学文化的发展也遇上了前所未有的大好时机，佛学经典的口译活动随即开展起来，并呈现良好的发展态势。

3. 中国的外贸口译发展史

据史料记载，我国在商朝时期就有货币流通，自商朝以来就有贸易活动。到了秦代，秦始皇统一了全国货币，货币流通更加顺畅，经济贸易得以发展。

同样是在秦代，我国开始管理南海区域，设立南海尉负责当地的交通、外贸交易等事务。随着外贸活动的开展，口译活动自然必不可少。

到了汉代，外贸活动已颇具规模，汉高祖册立赵佗为南越王，负责管理与安南各地的通商往来；在汉高后时期（公元前187年—前180年），朝廷明令禁止将"金铁用器"售卖给其他国家，以保证自己国家的安全，甚至不准输出马牛羊，防止良种外传。汉文帝（公元前179年—前157年）为了北部边境的安宁，允许匈奴与我国进行贸易往来。到了汉武帝时，我国不仅在南北边境开展贸易活动，还开始与西部各国进行贸易往来。例如张骞曾奉命两次出使西域，与中西亚、欧洲的一些国家进行联络，打通了通往欧洲的一条贸易之路——那就是鼎鼎有名的"丝绸之路"。

到了三国时期，我国与西域大秦国的商人一直保持着商贸往来。《梁书·中天竺国传》有记载"孙权黄武五年（226年），有大秦贾人字秦论来到交趾，交趾太守吴邈遣送诣权，权问方土谣俗，论具以事对"。即孙权黄武五年（公元226年），有个名叫秦论的大秦国商人从海路抵达当时吴国统治的交趾郡（越南北部地区）。交趾太守吴邈立即派人把秦论送到吴国都城拜见孙权。孙权详细地询问了大秦国的情况及风土人情，秦论一一回答。孙权与秦论在进行交谈时，就有口译员在现场进行传译。

南北朝时期，很多外国商人居住在都城洛阳，在洛阳城内建有四夷馆，又称归正馆、归德馆、慕化馆及慕义馆，当有外国人来华任职时，就居住在这些地方。此外，南北朝还开辟了专门供外国人经商的四通市。外国人来华无论是任职还是经商均少不了语言的传译。

隋代时我国与东、南、西三个方向的数十个国家外交关系良好，外贸易发展势态也良好。在西域的门户打开之后，自敦煌到西海（地中海）

开通了三条通道，吸引了沿途各国来华开展贸易。唐代在我国的外国人就更多了，他们的居住地分散在长安、广州、泉州、扬州等地。我国与新罗、波斯等国的商品贸易往来十分频繁。受战乱等因素影响，唐代天宝（公元 742—756 年）之后，陆上丝绸之路逐渐衰落，海上贸易得到进一步发展。

宋代沿用唐代制度，设置市舶司负责海上对外贸易事务。元代在扩张版图进行西征的过程中没有停止发展外贸，元代统治者在外贸方面采取开放政策，鼓励欧洲与中亚的商人来华通商，并与传统外交友好的国家如日本、高丽等国保持贸易往来。明代倭寇侵扰边关，但朝廷政府仍与日本缔结了《勘合贸易条约》，与朝鲜则一直保持着贸易往来，明朝中后期由于实行闭关锁国政策，丝绸之路贸易几乎完全消失。清政府沿袭明代闭关锁国政策，外贸通商之事甚少，除了俄国东正教传教士派商团与我国开展贸易之外，其他贸易几乎绝迹。

1949 年中华人民共和国成立之后，帝国主义在华的一切特权均被取消，中国人民重新掌握了海关，与国外的贸易也慢慢恢复正常。如今随着改革开放政策的推进，优秀的外贸口译人才成为了开展国际贸易的重要武器。我国翻译院校顺应时代的发展，设立了商务英语、口语翻译专业，为国家培养了越来越多的外贸口译人才。

（二）西方口译发展史

西方国家的口译实践活动最初也是由部落之间的往来发展起来的，两个部落之间从毫不相知、互相试探到相互了解、和平相处甚至结盟，无不依赖于语言和思维的沟通与交流，有赖于外交翻译、口语翻译。据史料记载，西方国家的口译实践活动有两千多年的历史。

古希腊许多自治城、邦都通过骑兵官、信使或其他使者互通有无，建立关系。《圣经·创世纪》记载了西方国家早期的口译活动：来自以色列的约瑟兄弟曾远离家乡，旅居埃及，学习当地人的语言；公元前 449 年希腊和波斯签订《卡里阿斯和约》，标志着希波战争的结束，希波战争历经 50 年，打破了东西方之前几乎隔绝的交流局面，加强了东西方文化之间的交流，战争期间的口译活动自然少不了，由于对口译员的依赖，罗马帝国为其军队招募日耳曼人做士兵。

公元前 3 世纪，72 名犹太学者在埃及亚历山大城翻译《圣经·旧约》，即《七十子希腊文本》。《圣经》在历史上不同版本、不同语种的翻译是西方翻译的特色，在翻译的过程中，离不开语言的交流和大量的口译工作。

罗马帝国时期的西塞罗（Marcus Tullius Cicero）是西方最早的翻译理论家，他首次将翻译分类为"作为解释员"（ut interpres）的翻译和"作为演说家"（ut orator）的翻译。

口译正式登上近代西方社会的国际舞台始于第一次世界大战末期。1919 年的巴黎和会首次打破法语在国际会议和外交谈判中的垄断地位，将英语加入会议使用的语言中来，使用英、法双语翻译的模式进行谈判。也是从这时开始出现了交替传译这个职业，从事该职业的人被称为口译员。

1926 年国际商业机器公司（IBM）发明了同传设备，这被认为是口译史上最重要的发明。同声传译首次大规模的使用是在 1945 年的纽伦堡军事法庭上，审判过程中使用了英、法、德、俄四种语言。两年后同声传译这种口译方法被联合国采纳。20 世纪 70 年代以后，视频和音频技术的发展使视频会议的出现成为可能，1976 年联合国教科文组织、1978 年联合国大会通过卫星在口译员的帮助下进行了视频多语会议。与此同时，依托通信和网络技术的电话口译也初露锋芒，主要为语言水平不高的移民提供服务。当前西方社会的口译发展已经较为成熟，表现为口译服务在社会生活各个方面的应用，如会议、司法、医疗、教育、手语交流、移民和难民事务等。

第四节　口译实践技巧

基于口译的过程可以把口译分为三个环节，即口译信息的收集与处理，口译中的记忆与笔记，口译信息的转换与生成。针对这三个环节的操作可以提炼总结口译在实践过程中的一些技巧。此外，数字口译是经常困扰口译员的一大难题，也是商务、科技等各类口译的重点。因此本书将会介绍一些有关数字口译的技巧。

一、口译信息的收集与处理

口译信息的收集与处理是口译员接收信息的过程，这对口译过程的开端无疑是十分重要的。口译信息的收集与处理环节又包括以下几个方面的内容，如图 2-13 所示。

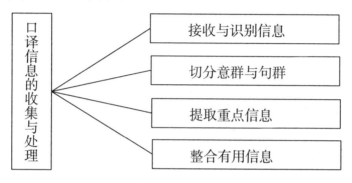

图 2-13　口译信息的收集与处理内容

（一）接收与识别信息

口译人员接触到任何一个源语言片段时的第一反应都是用大脑接收和识别其中的有用信息。接收（receive）是大脑功能的体现，而识别（identify）才是大脑的主观能动性开始工作的初步体现。此处的识别是指短时间内对接收信息的识别与分辨，所识别的信息对象从语法认知的角度来看主要包括以下几类：

（1）源语中词汇的词义、词性、名词的单复数。

（2）源语中的形容词、副词等修饰性词语。

（3）源语中的专有名词、词组、短语。

（4）源语中的句子及句子结构。

（5）源语中的时态。

从内容方面分又可分为时间、地点、对象、事件、数量等。

而影响口译员接收和识别语言信息的因素主要包括以下几个方面：

（1）译员的词汇量及其对词性转换的熟练度。词汇毋庸置疑对任何语言和口译员来说都是十分重要的。在翻译的过程中，熟练地掌握语言的基本词汇和相关领域的专业词汇对完成口译工作来说是十分重要的。这里所说的词汇量不是口译员大脑中存储的词汇量，而是当词汇出现在源语言片段中时口译员能马上识别出来的词汇的数量。这涉及口译员的源语言听力能力。源语言听力能力对口译员接收和识别信息来讲也是十分重要的。与此同时，口译员对词性转换的熟练应用度也会影响口译的效果。例如，口译员对 fly 听一次便能达到准确听辨和认知的程度，但对 flying、flew、flown 的听辨和感知能力不足，便不能较好地接收信息。

（2）译员对人名、地名、专业名词及数字、习语、俚语等短语的识别能力。译员对人名、地名、专业名词及数字、习语、俚语等短语的识别能力是影响口译效果的重要因素。一名优秀的口译员除了要掌握自己口译领域的专业词汇以外，还应广泛学习其他专业知识、百科常识等，这样才能做到翻译时心中有数，才能将源语言翻译得恰到好处甚至活灵活现。

（3）译员对源语言语法及句子构成的掌握能力。不同语言之间的语法和句子构成往往有很大的差异，口译员的源语言语法基础能够帮助口译员识别源语言信息含义，将源语言准确转换成译文。又因为译员在识别源语言信息时容易受自身母语语言结构的影响，口译员应该对源语言和目标语言的语法及句子结构等方面的差异性有正确的认知，从而做到在识别源语言时不受母语语言习惯的影响，提高口译的速度和准确性。

（4）译员的逻辑思维能力。逻辑思维能力是对事物进行观察与比较、分析与综合、抽象与概括、判断与推理的能力，它帮助人们正确、合理地思考问题。译员的逻辑思维能力是其在宏观层面把握句前句后、段前段后关系的能力。在识别信息的过程中还特别需要口译员发挥自身的判断能力，此处主要是指对源语言信息中因果关系、对比关系和条件关系的判断。

（5）译员对源语言的语感及反应能力。所谓语感就是学习者对语言的感受能力，它是主体对语言所产生的敏锐的直接感受和对语言形式、语言意义进行再加工、再创造的心理行为能力。译者需要培养对源语言的语感和反应能力，以快速判断源语言的可接受性，根据上下文理解源语言的含义信息，并按照交际需要创造性地进行语言表达。

（二）切分意群与句群

1. 意群

意群（sense group）指将句子按照意思和结构划分出的多个单位（unit），每一个单位都可称为一个意群。同样一段语言，如果意群切分方式不同，那么语言最终呈现的效果也会有很大差别。人们判断和划分意群的依据一般是意群前后出现的停顿现象。如果译员对源语言掌握程度较好，那么他在听到信息时，就能很迅速地发现意群的切分和意群前后的停顿，这就是译者对意群的识别和判断能力。

2. 句群

句群（sentence group）是由几个在意义和结构上有密切联系的各自独立的句子组成的言语交际单位，句群由前后连贯、表达同一个中心意思的若干个句子组成。对于一段源语言文字来说，正确地识别句群十分重要。

对比句群和意群在同声传译和交替传译中的作用可以发现，句群的正确切分似乎对交传译者更为重要，原因是句群的合理切分能帮助译者更清晰地识别源语言段落之间的逻辑关系，进而有利于随后对信息的整合、记忆、转换和生成。而对于同传译者来说，意群的快速识别更为重要，因为他们需要不间断地思考翻译，所以必须抓住源语言信息的中心意思。

（三）提取重点信息

经过了信息的接收、识别以及句群、意群的划分，接下来口译员需要提取源语言片段中的重点信息。时间、地点、专有名词、数字等通常是口译中的重点信息。提取重点信息可以帮助口译员迅速接收到源语言段落的整体线索与核心信息。发言人在讲出源语言段落的时候通常会通过重读或者放慢语速来强调他想要表达的重点内容，这其中的语感与节奏需要口译员用心体会。此外，发言人的语速、口音和语言习惯也是口译员需要在口译过程中迅速判断并适应的。

提取重点信息不代表可以忽略细节，一段语言片段的信息按照从框架到细节的分类可以划分为三类，此处用 A 类、B 类和 C 类表示：

A 类信息是源语言信息中的框架信息，即句子的主干，包括主语、谓语、宾语和表语。

B 类信息需要根据句子结构进行判断，可能是引出并列结构的短语，或者定语从句、状语从句等。

C 类信息主要包括动词不定式、介词短语、形容词、副词等各种修饰性的词句。

（四）整合有用信息

在完成重要信息的提取工作之后，就到了口译员在转化和生成目标语言之前的最后一个环节——整合有用信息。整合有用信息的前提是识别有用信息，有用信息不仅包括重要信息，还包括描述性词汇、专有名词、逻辑关系以及数字等信息。之后，口译员对识别出来的有用信息进行快速记忆，为转换和输出目标语言做好准备。

整合信息不仅需要口译员在记忆中整理识别出来的有用信息，之后还要重新记忆大脑处理后的信息。整合信息需要译者具备综合能力。在整合信息的过程中，译者可能会遇见以下问题：

1. 瞬间识别出来的信息可能会在几秒钟内被大脑遗忘。

2. 判断出来的结构可能由于没有与细节很好地结合而不能被大脑处理为完整的信息。

3. 逻辑关系的识别速度和准确程度会影响译员对段落内容的理解。

二、口译中的记忆与笔记

在口译活动中，记忆是理解和输出信息的前提与保证，笔记的功能与记忆类似，是帮助译者回忆源语言内容的辅助工具。记忆与笔记相辅相成，与其他口译技巧一起完成口译信息的转换与生成。首先，记忆是指人脑对各种信息的储存、提取及加工，是决定口译信息完整度的根本因素，优秀的口译员都采用记忆为主、笔记为辅的方法记录源语言信息。因此理解记忆，掌握口译中记忆的技巧是十分重要的。

（一）口译记忆的原理和技巧

1.口译记忆的原理

（1）记忆的概念与系统。从记忆本身的概念来看，记忆是人类的大脑对经历过的事物的反映。记忆的运作由识记、保持、再认三个程序构成。其中，"识记"程序在口译活动中与听辨、理解过程相对应，"保持"程序在口译活动中与源语言信息的存储相对应，"再认"程序则与译语输出之前的准备活动相对应。

要想了解口译记忆，还要先认识记忆的系统。记忆的系统参与对信息的记忆加工，可分为瞬时记忆、短时记忆和长时记忆。瞬时记忆又名感觉记忆，其保持信息的时间最短，只有不到两秒；短时记忆阶段信息保持的时间为一分钟左右；长时记忆的信息容量则比前两种记忆的信息容量大得多，可以从一分钟到许多年乃至终生，是大脑长期保持信息的主要手段。

（2）口译记忆的运作。在口译活动中，瞬时记忆是前提，表现为对源语言的听辨；短时记忆是关键，长时记忆是基础，二者共同表现为口译员在大脑中储存源语信息。需要注意的是，专业口译员的记忆过程不是如同计算机一般的机械记忆，而是囊括了信息的接收、处理、存储和提取行为的系统工程。在口译交际活动中，口译员需要翻译的信息内容往往是很多的，因此他们需要记忆的信息量也是很大的。但是，口译员记忆的目标不是将源语信息一字不差地记下来，而是在理解源语信息意义的基础上，对主要的意义进行记忆。

口译活动中的记忆是对源语信息"意义"的记忆，此处的"意义"有两个层面的含义，一个是源语信息的主要意义、中心思想，另一个是能涵盖讲话者源语信息中心思想的关键词句。"记忆"这一行为在口译交际活动中还可以根据汉语的构词法分成两个阶段进行分析，这两个阶段就是"记"和"忆"。

对于"记"和"忆"的理解，要避开以下误区："记"不是对割裂的语音代码、简单字符和信息单位的机械记忆，"忆"也不是对大脑和笔记存储信息的机械恢复。"记"和"忆"行为的本质一个是在理解的基础上对源语信息关键字词和逻辑顺序的存储，一个是根据这些关键字词和逻辑顺序对记住的所有信息的加工、整理和激活。

2. 口译记忆的影响因素

（1）注意力和理解力。想要做好任何工作都必须集中注意力，口译工作更是如此，尤其是在讲话者持续不断地发言的时候，口译员更是不能有一丝一毫的分神。注意力的集中程度往往和记忆的效果成正比，注意力越集中，越能记住源语言的信息内容；记忆的信息完整，输出的信息才可能完整。

口译员需要具备良好的理解能力才能准确把握源语信息想要表达的意义，而对意义的把握正是记忆的关键。因此，可以说只有准确地理解才能准确地记忆，而要做到准确地理解，就需要口译员结合各种知识、语境信息对接收到的源语信息进行细致的分析，找到各个信息要点之间的逻辑关系、主次关系，并归纳讲话内容的中心思想。研究发现，经过理解后的记忆内容能在大脑中存储更长的时间。

（2）想象力和预测力。研究发现，生动形象的内容会给大脑留下深刻的印象，而空洞乏味的材料不容易被大脑记住，因此，所记材料是否形象会影响口译记忆的效果。增强想象力，将所记材料形象化能节省更多的脑力，从而分配出更多的精力用于信息的整合和输出。记忆的运作过程与口译信息的加工过程环环相扣，最后达到令人满意的口译效果。

另一方面，口译员在某种程度上作为交际活动的参与者，对口译内容和口译方法具备一定的预测能力。口译预测的内容主要由三部分信息构成，口译现场讲话者的实时发言信息，口译员短时记忆中的认知语境信息以及口译员长时记忆中的知识存储信息。口译员在口译过程中根据以上信息可以推测出预测内容，然后产生一种心理预期，在大脑中假设口译将要使用的方法。这样不仅能节省口译员的精力，减轻口译员记忆的压力，还能使口译员将更多的精力用在重新表达上。

（3）心理压力。心理压力在口译工作中对口译者的影响可想而知。心理研究发现，当人们越是心理紧张得想要集中注意力，注意力就越容易分散，注意的范围就越小。而长时间高度紧张的精神状态则会引起疲劳，这时的注意力往往无法集中，口译效率也趋于低下。因此口译员应具有强大的心理素质，能承受较大的心理压力，尽量减少心理压力对口译记忆造成的影响。

3.口译记忆的技巧

口译员要在有限的时间内最大程度地发挥记忆的存储和加工功能，就要学会如何准确、有效地储存信息，为接下来的"忆"和"译"打下基础。口译员可以运用以下六种方法帮助提高自身的记忆能力。如图2-14所示。

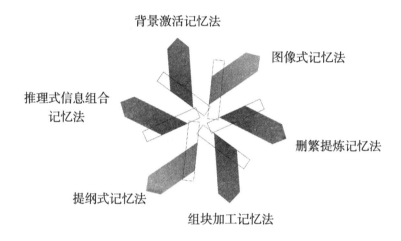

图 2-14　口译记忆的方法技巧

（1）背景激活记忆法。背景激活记忆法的重点是鼓励口译员通过接收到的源语信息内容激活事先存储在大脑中的相关背景知识。口译员应充分利用语言外的知识理解源语言，减少大脑需要承载的信息符号，使用新的信息知识激活原有的知识，使长时记忆中的信息参与到短时记忆中的信息加工中来，减轻大脑的记忆负荷。

（2）图像式记忆法。图像式记忆法依靠的是口译员大脑的形象思维能力，具体来看，图像式记忆法就是口译员将源语中的篇章信息内容整合成一幅图像或对源语篇章描述的事物建立一个模型，最终把大量复杂的信息记忆的内容变为自己的所思所想、所见所闻，这种方法不仅能增强口译员的记忆效果，还能有效减少口译员的记忆负担。

（3）删繁提炼记忆法。基于口语冗余程度较高的特点，口译员可以尝试用删繁提炼记忆法增强记忆。删繁就简、浓缩提炼是适合内容复杂但成系统材料的记忆方法，它要求口译员具备较强的思维和概括能力，具体操作方法如 2–15 所示。

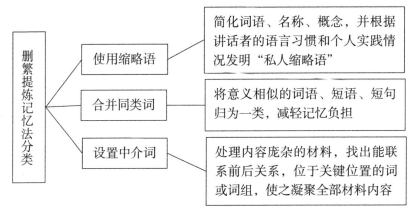

图 2-15　删繁提炼记忆法分类

（4）组块加工记忆法。"组块"这一概念源自认知心理学研究，口译活动中的"组块"是指以源语中的信息意义为单位，口译员将接收到的信息单位按主次关系分类排列，并结合逻辑推理将信息单位有逻辑性地组合成更大的信息单位。

认知心理学开展的研究记忆的实验表明，通过"组块"的方式记忆信息有三个主要作用。第一个作用是增加了大脑记忆的容量，如一个包含多个不同项目的句子，在经过信息的组块后，就剩下几个主要的信息项目，从而简化了这些项目之间的联系，减少了项目储存的空间，使短时记忆的空间变得更大。第二个作用是延长了信息项目在短时记忆中保持的时间。心理学的实验表明，组块后的信息项目要比那些相对孤立的、零散的信息项目在大脑中停留的时间更久。第三个作用是减轻了记忆信息流失的程度。原来那些较小的、零散的信息单位被组合成更大的信息单位后，在记忆中由次要信息变成了主要信息，因此不容易被忘记。

（5）提纲式记忆法。口译作为一种言语交际行为活动，具有很强的交际目的和明确的交际主题。所有的对话内容都是围绕交际主题展开的，尤其是会议口译中讲话人的发言更是以特定的主题为中心，这些都为口译员使用提纲式记忆法记忆讲话内容提供了可能。顾名思义，提纲式记忆法是指口译员将讲话者发言的内容总结成大纲或者框架来进行进一步的处理，提纲式记忆法需要口译员先对源语篇章的基本结构和篇章信息之间的意义联系有一个正确的认知，这种做法的最终目的是减少承载信息的符号使用。提纲式记忆法适用于源语篇章信息条理分明、主次意义较为清晰的讲话材料。

（6）推理式信息组合记忆法。采用推理式信息组合记忆法应以口译员理解源语信息为前提，然后将源语信息划分为若干个较小的信息单位，再把这些信息单位按照重要程度、主次关系进行排列，并结合口译员的逻辑思维展开推理，最后将较小的信息单位依据它们之间的逻辑关系组合成较大的信息单位，慢慢扩充记忆信息的容量。那些信息内容较为枯燥、话语之间的关联性较差的文本和信息量较大的长难句比较适合使用这种记忆方法。

（二）口译笔记的技巧分析

口译笔记是口译区别于笔译等其他翻译形式的重要特征与技能，口译的整个过程都离不开口译笔记，笔记不仅能减轻口译员的记忆负担，同时还能够增强译文的准确度。而结构安排合理、重点突出的笔记能将源语篇章的逻辑结构和关键点完美地展现在译员眼前，使译员的回忆线索和思路变得清晰。

1. 口译笔记的结构安排

口译笔记不同于课堂笔记，不需要尽量记录完整的课堂内容用来复习，口译笔记要求口译员尽量使用最简单、最易识别的符号或者缩略形式记录源语的信息内容，要有条理、有层次，具有直观性、逻辑性。一般口译笔记在结构安排上应注意以下几点。

第一点，记笔记应将纸张方向调整为纵向，然后再用笔画两条直线将一张纸分为面积、形状都相同的三部分。从左往右我们可以称其为第一部分、第二部分和第三部分。即第二部分位于纸张中间，第一部分和第三部分位于纸张两侧。第二部分口译员可以用来记录源语信息内容的话题和主要意群，所以位居中央，十分重要；第一部分和第三部分用来对相应的意群进行更细节的补充，以保证翻译信息的完整性。

第二点，口译员在记笔记时的字体大小应调整为利于口译员迅速阅读的大小，且字与字之间不应排列得过于紧凑。同理，行与行之间的距离也不能过小，最好尽量把行距放宽一些，这样口译员在看笔记时就能一眼明晰，从而有效分配口译员的注意力和脑力，减少口译员看笔记的时间，提高翻译的效果和效率。

第三点，在纸张的第二部分记录意群信息，安排主要段落结构时采取阶梯式缩进的方法。即每个意群或者话题名称占一行，意群和话题的具体内容另起一行，并左缩进两个字符。这种结构安排能使口译员迅速掌握话题和意群的重点信息，帮助口译员理清思路，提高效率。

第四点，也是最后一点，所有相关讲话信息的内容要条理清晰，一目了然，不只是话题名称和主要意群名称要突出标记，它们下面的内容也要尽量多分行、分类。笔记记录时安排的逻辑结构要比讲话者的源语信息架构更通顺、更清楚，口译员要根据自己的理解和思路把讲话内容整合在一起，就算讲话者的发言缺少逻辑，口译员也能分清层次，进而把讲话者想阐述的内容、意义由浅入深地表达出来。

2. 口译笔记的内容

口译笔记的内容受口译工作的即时性、紧迫性影响，笔记的内容主要是：

（1）关键词，用来唤醒相关的源语信息。

（2）大脑记忆有难度的数字、时间、专有名词等细节信息。

（3）逻辑关系词，用来加强记忆和表达的连贯性和逻辑性。

3. 口译笔记的方法技巧

讲话者的发言内容转瞬即逝，记录难度较高，因此，口译员要想快速而准确地记下发言内容，必须依靠一定的方法技巧。

（1）学习使用笔记符号。笔记在口译记忆中起到的永远是辅助作用，口译员的绝大部分注意力还是分配给了脑力记忆。同时由于时间的紧迫和汉字书写的难度较大，口译员在口译训练之初就应当多使用简化符号和表示逻辑关系的线条来记录信息，节省时间和精力。这些符号和线条应是科学且通用的，不会与口译员笔记系统产生个人性冲突。据研究总结，这些常用的笔记符号可分为以下几类：

A. 缩略词。熟练掌握缩略词，对记笔记很有帮助。常见的缩略词如：

优越性——优 x

现代化——现 h

改革开放——改开

社会主义制度——社制

UN——联合国

PRC——中国

CPC——中共

NPC——全国人大

B. 字母、图像

Q——通货膨胀: inflation，因为这个符号像一个上升的气球。

A——农业: agriculture，经常用到，所以用首字母代替。

C×——矛盾、冲突: conflict, confrontation，"×"表示反对。

⊙——会议、开会: conference，圆圈表示圆桌，中间一点表示一盆花。

2 文——两个文明。

2 友——双方的友谊。

C. 数学符号。

+——"多"（many、lots of）++（+2）——"多"的比较级。

－——"少"（little、few、lack、in short of、be in shortage of 等）。

↑——上升，增加，提高，发展（increase、ascend、raise、move up）。

↓——下降，减少，退步（descend、drop、fall、decline、go down）。

↙——记住（remember）。

↗——忘记（forget）。

D. 标点符号

:——各种各样"说"的动词（say、speak、talk、mark、announce、declare）。

?——"问题"（question、issue、如台湾问题可记录为 tw？）。

&——"和""与"（and together with、along with、accompany、further more）。

☆——"重要的"状态（important、exemplary、best、outstanding）。

//——"结束"（end、stop、halt、bring sth to a standstill/stop）。

（2）双语记录。双语即源语言和目标语。双语记录适用于源语言和目标语两种语言特点迥然不同的情况，如汉语和英语。汉语是表意文字，往往一个汉字或者词组就能表达丰富的含义，但汉字笔画复杂，写起来耗时较多，所以应该结合简洁的英文缩写或者易识别的单词共同记录。采用双语结合的记录方法能节省时间提高速度，为口译工作的顺利完成提供保障。

（3）三步反复法。三步反复法又称三步练习法，顾名思义，可以分为三个步骤进行。

第一步，不间断地听磁带录音，先根据自己的习惯方法记笔记并尽量完整、顺畅地完成口译任务。

第二步，以句子为单位重新听磁带录音，对于重难点句子进行笔记分析并结合参考书改进笔记方法与句子翻译。

第三步，最后再听一次磁带录音，重新记笔记并完成口译。

运用三步反复法练习有两个优点。首先，经过对某一话题内容的反复比较与练习，该练习内容和记笔记的方法及相关翻译技巧会给口译员留下深刻印象，今后遇到类似主题的口译内容时口译员能快速做出反应。其次，处于口译学习初级阶段的口译员在记笔记时可能还会无意识地记录过多的字词，对口译时的时间管理也不到位，通过对同一内容的反复多次练习，口译员可对反复使用的符号或线条、缩略语等熟练掌握，进而培养自己的笔记习惯，形成自己的笔记风格。

（4）熟能生巧。首先，在练习口译的初级阶段，口译员需要给自己制订笔记练习的长期、定时计划。定时是指每天在固定的时间段练习笔记，如每天 8：00 到 9：00。长期是指要每天坚持练习，坚持每隔一段时间（如一个月）便对照之前的笔记总结经验，发现问题，一般坚持三个月左右口译员就能形成自己的笔记系统，半年之后就可以达到笔记熟练、自成一体的效果。

其次，口译笔记中一直存在一些难点问题，对于每一名口译员来讲，可能难点各不相同。要想克服这些难点，提高口译笔记技能，还是需要口译员针对难点内容多加练习，如专有名词记录、数字记录等。

（5）笔记脑记相结合。笔记是口译记忆中的基础和辅助，脑记的作用不仅包括听和记忆，还包括理解话语的思维逻辑。在记忆的过程中，经常会出现笔记和脑记二者相互影响的局面，事实上，口译员应把主要的精力放在脑记上，重在掌握源语篇章的中心意思，这样就不会有听和记的矛盾了。

还有一种情况，就是口译员由于紧张或其他原因（如内容生疏、速度过快、口音较重），在某一瞬间没听明白其中一个词语的含义导致转换不及时，这时就算其他听懂的内容记录了很多，但还是串不起整段话的意思。遇到这种情况时，口译员应在口译之初就放开思路，抓住讲话所要表达的中心意思，在正确理解的基础上，辅以少量提示笔记，边听边联想边记，不必拘泥于个别词语含义。

三、口译信息的转换与生成

口译的过程是口译员对源语信息进行加工的过程，主要分为三个环节，即信息的收集和处理、信息的记忆、信息的转换和生成。信息转换和生成的前提是口译员对信息的接收、理解和记忆。信息的转换和生成是源语言转为目的语最直观的过程，是口译过程的输出阶段，也是口译过程的最后一个阶段，因而也是非常重要和关键的阶段。

（一）口译信息的转换

口译交际活动中口译员接收到的源语信息需要转换成对应的目的语，要考虑目的语不同的语言层次，根据不同语言层次的特点及使用要求，口译员再对源语信息进行适当的调整。这样做的主要目的是使译语符合目的语的语言习惯，使目的语听者更容易理解译语。在这里我们依次从语言的词汇、句子、篇章三个不同的层次加以分析。

1. 词汇层面

由于两种语言之间存在很多信息、意义不对等的单词或者短语，因而口译员在口译过程中就要对词汇层面的信息进行适当转换，这种操作是比较容易进行的，具体来讲，词汇层面的信息转换可以采取增词、词性转换、删减、解释说明等方法。此处分别对增词、词性转换、解释说明三种方法加以介绍：

方法一：增词。

增词有三个目的：补足语气、连接上下文、避免译文意义含糊不清。增词操作的核心就是增加说话人言语中虽无其词而有其意的一些词。增词分为两类，一类是语法增词，包括增加概括词、语气词、关联词、量词、时态助词，变化名词单复数等。一类是词义增词，包括增加抽象名词、动词、形容词、副词或者连词等。

方法二：词性转换。

词性转换法指在口译过程中将源语篇章中的某一词类转换为译文的另一词类。拿汉语和英语中的词类来举例，汉语中有动词、名词、形容词、定冠词、量词等词类，英语中有名词、动词、形容词、副词等词类，没有量词。由于这两种语言的语言使用习惯不同，同一词类的使用方式、使用频率也有很大的差别。口译员在口译的过程中必须考虑源语言和目的语在这方面的差异因素，进行适当的调整。

方法三：解释说明。

在口译过程中，口译员难免会遇到一些在源语文化或者社会环境背景下人们广为熟知的内容，但这些内容在目的语文化中往往令人费解，这时就需要了解源语文化的口译员对源语信息进行补充说明，从而使听者能较好地理解源语信息，理解讲话者想要表达的交际意义。

2. 句子层面

在翻译中，句子层面的翻译明显比词语层面的翻译要更加复杂和困难。这主要是因为汉语和英语在句子结构上的差异。译员在翻译时不能拘泥于源语的句子结构。英译汉时，主语、谓语、宾语、定语、状语等句子成分的顺序可以根据需要进行调整；汉译英时，口译员要从众多零散的意群和句群中抽丝剥茧，找到核心动词，层层递进，相互关联，连缀成句；同时，在英汉互译的过程中，句子与句子之间的顺序也要根据目的语的实际情况进行协调。其中，分句法和合句法是口译中常用的信息转换方法。

分句法可以从副词、形容词、动词、短语、长句等角度展开，在英译汉时，分句法比较常见。合句法考虑的则是汉语语言简练概括的特点，常见于汉译英。合句法包括单句的合译、主从复合句的合译和并列句的合译。

3.篇章层面

口译在篇章层面的转换是口译员信息转换工作中最大的挑战，尤其是在同声传译的情景下，口译员几乎没有时间对源语篇章的一段话进行整合、调整。在交替传译的情景下，口译员的情况要稍微好一些。口译员必须对听到的一段话的整体内容进行判断：这段话属于讲话者发言全文的哪一部分，重要性如何，与上下文有什么样的连接关系，这段话的交际目的是什么，内在的逻辑性又是怎样的，然后口译员再根据自己的判断用目的语进行重组。

（二）口译信息的生成

在即时的口译交际活动中，口译信息的生成与口译信息的转换从时间上来讲几乎是同时完成的，信息转换后得到的交际效果随着目的语文化和听者思维模式的改变而改变。口译员通过对源语信息句式结构、词语信息位置、信息内容的调整，最终将源语转换为目的语。具体来分析，就是口译员可根据自身的翻译水平和对目的语听者认知能力、理解能力的判断，选择适合接受者语言习惯的表达方式和手段。

1.改译法

对目的语听者难以理解又希望了解的信息内容可采用改译法。如一些包含民族历史、地理、人物等信息的语篇，对目的语听者来说理解起来有一定的困难，对于这种情况，口译员一般可以采用改译的方法处理，即用目的语听者熟悉的近似的表达法代替原文中的表达法。如在讲"梁山伯与祝英台"时可以用"东方的罗密欧与朱丽叶"来解释。

2.增加、删减、重组手段

这个手段主要针对源语信息中的核心信息、非核心的附加信息以及修饰性的词语。由于文化传统与交流目的的差异，中英听者所感兴趣的信息内容也不尽相同。口译员需要根据具体的交际语境，结合交际双方的交际目的，将讲话者表达的内容信息有选择性地翻译出来。常用的翻译方法有以下三种。

删减法，删除那些重复的、修饰性的、不容易被目的语听者理解且不影响篇章整体意义的信息。

重组法，根据目的语不同于源语言的表达方式和句式结构，将信息内容重新组合，以符合目的语听者的语言习惯。

增加法，也可称为增译法，有些源语的信息内容包含一些历史文化背景，如果听者对中国的历史文化不熟悉的话，可能就难以理解这些信息，因此需要口译员对这些信息加以解释说明，以便目的语听者能够理解。

3. 近义替代手段

中西方文化中有一些概念、意义相同或相近的短语表达，这些短语虽然描述的事物不同，表达形式不同，独具各自的民族文化特色，但是其背后隐藏的含义却是类似的，此时口译员就可以采用近义替代法。这种方法不仅能节约口译员的时间和精力，还能让听者迅速理解译语。

4. 意译法

当在目的语中找不到与源语词语含义对应的对等语，采用直译法又会使听者理解困难或使译文的信息缺失时，口译员可以采用意译法，用规范的目的语把源语言想要表达的意义说明白。

第三章　文化特色词与中国文化特色词

第一节　文化特色词的相关概念

一、文化和语言的相关概念

（一）文化的概念

从词源上来看，在汉语中，最早把"文"和"化"二字放在一起阐述的是《周易·贲卦·象传》："观乎天文，以察时变；观乎人文，以化成天下。"而"文化"作为一个词出现最早是在西汉刘向的《说苑·指武》中："圣人之治天下也，先文德而后武力。凡武之兴，为不服也。文化不改，然后加诛。"此处的文化意指建议采用仁义道德、礼仪制度来教化和改造民众。在英语中，"文化"一词对应的是"culture"，"culture"对应的古老含义是"cultivation"，意为"种植、耕作"或"种植、耕作的技术水平"。到了近代的 1843 年，德国人克莱姆首次在《普通文化史》一书中使用"文化"一词来指代人类生活的风俗、宗教、科学、艺术等方面，这已与文化的现代意义十分接近。此后不同时代、不同文化背景下的学者纷纷发表了自己对文化的定义，此处只列举一小部分。①

---

① 张岳，熊花，常棣编.文化学概论[M].北京：知识产权出版社，2018：6-7.

玛丽·道格拉斯：任何文化都是一系列相关的结构。它包括社会形态、价值观念、宇宙哲学和整体知识体系。通过它们，所有的经验都能得到调和。[①]

是美国的文化人类学者 S·南达：文化作为理想规范、意义、期待等构成的完整体系，既对实际行为按既定的方向加以引导，又对明显违背理想规范的行为进行惩罚，从而遏制了人类行为向无政府主义倾向的发展。

格尔茨：文化概念既不是多重所指的，也不是含糊不清的：它表示的是从历史上留下来的存在于符号中的意义模式，是以符号形式表达的前后相袭的概念系统，借此人们交流、保存和发展对生命的知识和态度。[②]

梁启超：文化者，人类心能所开释出来之有价值的共业也。[③]

根据以上学者对文化定义的阐释可以看出，文化是人类精神和物质生活的总和，它包罗万象，存在于历史发展的进程之中，为文化共同体全体所享有。但文化又是多元发展的，因为民族和地域的差别，中西方文化有不同的价值取向和精神内涵，这一点从中西方语言文化中的差异也可以看出来。

（二）语言的概念和属性

著名的语言学家、人类学家萨丕尔（Sapir）曾在其文《语言论》中对宏观的语言做了概括性的论述：语言主要是一种语音符号系统，用来表达可交流的思想和情感。在这一定义的基础上，语言的定义还在不断地扩展，一些具有代表性的名家、名著对语言的定义有新的解释。[④]

陆俭明：语言是人类借以思维和互相交际的一个音义结合的符号系统，是一个变动的音义结合的结构系统。可见，语言本身有两个方面，一是实体，一是功用。语言的实体，是一整套抽象的音义结合的符号系

① （英）道格拉斯．洁净与危险 [M]．黄剑波，柳博赟，卢忱译．北京：民族出版社，2008：159.

② （美）格尔茨．文化的解释 [M]．韩莉译．南京：译林出版社，1999：109.

③ 梁启超．梁启超论中国文化史 [M]．北京：商务印书馆，2012：1.

④ 杨德爱．语言与文化 [M]．昆明：云南大学出版社，2020：14-17.

统；语言的功用就是人的言语行为在交际中的实际使用。①

胡明扬：语言是一种作为社会交际工具的符号系统。②

威廉 A. 哈维兰：语言（language）是一个根据一系列特定规则用声音和或手势交流的系统，它产生了对于所有使用它的人来说都可以理解的意义。③

叶蜚声、徐通锵：语言是说话和表达思想的工具，而说出来的话则是人们运用这种工具表达思想所产生的结果。④

概括上述名家名著所言，语言是人类社会最重要的一种社会交际工具，脱离了语言，人们就无法自由地交流思想情感，参与各种社会活动。因此，语言能够记录和反映人类社会生活的发展等状况。

根据上述语言的概念分析，我们可以看出语言的本质属性是符号性和社会交际性，其基本属性包括传承性、约定俗成性、文化性、开放性、表象性等。

（三）文化和语言的关系

文化与语言之间的关系，一直是国内外学者研究、争论的课题。其中，"语言决定文化论"和"语言反映文化论"受到了中外学者的关注。

语言决定论，又称萨丕尔 - 沃尔夫假说（Sapir–Whorf Hypothesis）。萨丕尔认为，不同语言会用自己独特的表达方式对同一客观事实进行描述和分析。人们的生活受语言的影响，人们的行为或文化的发展在某种程度上也受语言的影响。⑤沃尔夫（B. L. Whorf）继承和发展了萨丕尔的观点，正式提出了"语言决定论"。沃尔夫提出"语言决定思维模式"的观点，认为思维模式的差异是由语言的差异造成的，人们对同一事物的

---

① 李宇明，等 . 言语与言语学研究 [M]. 武汉：崇文书局，2005：117.

② 胡明扬 . 语言和语言学（修订版）[M]. 北京：语文出版社，2003：4.

③ （美）哈维兰等 . 文化人类学：人类的挑战 [M]. 陈相超，冯然等译 . 北京：机械工业出版社，2014：101.

④ 叶蜚声，徐通锵 . 语言学纲要 [M]. 北京：北京大学出版社，1997：7.

⑤ 萨丕尔，马毅，龚群虎，等 . 作为一门科学的语言学的地位 [J]. 福建外语，1993（Z2）：1-4+13.

认识和评价不同，就造就了不同的文化模式。

罗常培在《语言与文化》一书中论证了"语言反映文化"的观点，他提出语言和文化之间有四个层面上的关系 [1]：

（1）语言是社会组织的产物，是跟着社会发展的进程而演变的，所以应该将其看作社会意识形态的一种。

（2）语言不是孤立的，而是和多方面联系的。

（3）语言的材料可以帮助考订文化因素的年代。

（4）文化变迁有时也会影响语音或语形。

结合上述两个理论的观点与上文介绍的有关文化、语言的定义及相关属性，通俗地讲，语言和文化的关系可以从以下四个角度进行阐述。

1. 语言是文化的重要组成部分

林惠祥曾在其著作《文化人类学》中写道："语言或许是人类文化中最先发生的一部分，因为它的功效使个人的经验借以相互参证，而个人的协作程度也得以提高。"[2] 他还认为语言的能力是人类社会领先于动物世界产生文化的重要因素。同时由于语言是人类创造的精神财富的重要组成部分，而精神财富属于广义文化的一部分，因此语言也是文化的重要组成部分。

2. 语言是一种文化现象

与其他文化现象一样，语言伴随着社会的产生而产生，随着社会的发展而发展，因而它具有社会性。语言还具有民族性、系统性、阶段性等文化所具备的一切属性，因此语言是一种文化现象。

3. 语言是文化的载体

语言作为一套符号系统通过其语音、词汇、文字等表现形式记录、传播着文化，语言是文化的主要载体或者说主要的表现形式，具体体现在以下两个方面。

首先，狭义的文化指精神层面的东西，如人的思想、情感、价值观等是没有实体的，因此他们需要一定的媒介来表达，比如语言；其次，

---

① 罗常培. 语言与文化（注释本）[M]. 北京：北京大学出版社，2009：106-114.

② 林惠祥. 文化人类学 [M]. 北京：商务印书馆，2002：349.

从广义的文化角度来看，语言虽然只是文化的一部分，但其他文化现象比如艺术、信仰等都需要借助语言来表达，如果缺少了语言，它们便不能独立存在。

4.语言是文化发展的基础

文化的诞生与发展是人类思维的结晶，而思维的发展离不开语言。文化的发展离不开全体社会成员的集体创造与共同合作，语言作为最重要的交际工具在这其中发挥着巨大的作用。正如学者吕必松在《对外汉语教学概论讲义》中所言：当我们说文化发展的时候，是指在原有基础上的发展，而原有的基础是靠语言保存和传播的；文化的发展离不开思维，而思维活动又离不开语言；文化的发展必须依靠社会成员的集体创造，只有借助于语言这一交际工具，社会成员之间才能进行沟通和达到相互理解。不同民族文化的相互借鉴也要通过语言①。

二、文化特色词的概念界定

由于地域、环境和历史发展进程的差异，每个国家和民族都有自己独特的文化。语言是文化的载体，文化的发展变化也会体现在语言上。因此随着时代的变更与发展，语言中逐渐积累了一部分反映本民族文化现象和生活方式的词语。由于这些词语反映的文化是本民族特有的，其他民族没有这种文化，因此这些词语也是该民族特有的，其他民族没有表示对等含义的词汇。对于这些词语的命名，如同对文化的定义一般，学术界没有一个统一的观点。最常见的说法有以下几种："文化特色词""文化负载词""文化局限词""国俗词语"。

这几个概念听上去十分类似，但各个概念实际所指的内容以及概念涵盖的范围却各不相同。为了使接下来的研究更加准确，我们在此详细分析上述概念的界定和分类，以免混淆。

（一）文化负载词

文化负载词是近几年除了文化特色词以外提的比较多的一个概念，

---

① 吕必松.对外汉语教学概论讲义 [J].世界汉语教学，1996（02）.

这一概念最早是许国璋在 *Culturally-loaded Words and English Language Teaching* 一文中以英文的形式提出的。① 随后学者们就这一概念纷纷提出了自己的看法。

胡文仲在《跨文化交际概论》中指出，文化负载词即特定文化范畴内的词语，其直接或间接地反映了民族文化。②

与之观点类似的还有廖七一，他认为文化负载词是对某种文化可以标志的特有事物的词组和习语。③

李开荣认为，文化负载词主要指代的是那些为一定民族文化特有的、蕴含特殊文化信息的词。这类词反映出两种语言符号及两种文化之间的不对等情况，表现为源语词语与译语词语之间存在错位、部分对等或者无等值物的情况。④

周志培从词义角度提出了不同观点，他指出，"文化负载词表示源语文化和目的语文化都存在的概念，只不过在词义的宽窄方面不完全重合，只有某种程度上的对等"⑤。

郭静则从语义角度定义文化负载词，认为文化负载词是指在原始意义或概念意义之上，蕴含丰富的社会文化意义的词、词组和习语。⑥

虽然学者们对文化负载词的概念理解不同，但大都认为文化负载词承载着民族丰富的文化意义。学者们对文化负载词的分类有助于我们理解文化负载词的内涵。

王颖从语言对比的角度将文化负载词分为五类，如图 3-1 所示。⑦

① 许国璋 .Culturally Loaded Words And English Language Teaching[J]. 现代外语，1980（04）：21-27.

② 胡文仲 . 跨文化交际学概论 [M]. 北京：外语教学与研究出版社，1999：64.

③ 廖七一 . 当代西方翻译理论探索 [M]. 南京：译林出版社，2004：232.

④ 李开荣 . 文化认知与汉英文化专有词目等值释义 [J]. 南京大学学报（哲学 . 人文科学 . 社会科学版），2002（06）：150-154.

⑤ 周志培 . 汉英对比与翻译中的转换 [M]. 上海：华东理工大学出版社，2003：491-492.

⑥ 郭静 . 基于功能对等理论分析《洗澡》英、法译本中文化负载词的翻译策略 [D]. 北京：北京外国语大学，2014：2.

⑦ 王颖 . 文化负载词汇及其翻译方法研究 [D]. 吉林：吉林大学，2004：1.

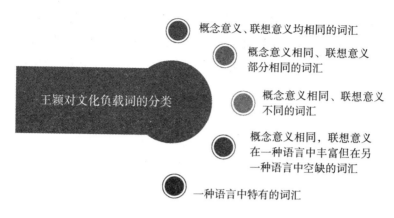

图 3-1　王颖的文化负载词分类

曾迎在对英汉两种语言进行对比后将文化负载词分为两类[①]：

一类是汉语或英语文化中所特有的词；

另一类是，英汉词汇中均有的词语，但在英汉两种文化中却有不同甚至截然相反的联想意义。

（二）文化局限词

文化局限词最初是由奈达在研究英语中的名词时提出的。从翻译对等的角度，他将英语中的名词划分为三类，[②] 如图 3-2 所示。

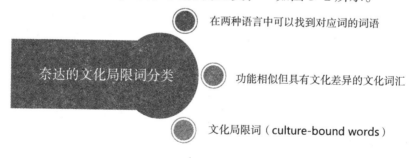

图 3-2　奈达的文化局限词分类

之后也有很多学者对这一概念进行界定和解读，如王还对文化局限词的定义是和说那种语言的人的文化背景有关的，代表那种独特文化产

① 曾迎. 从归化异化角度论汉语文化负载词的翻译 [D]. 长沙：湖南师范大学，2012：3.

② EUGENE A.NIDA. Towards a science of translation[M] Leiden:E. J Brill, 1964:28.

生出来的东西的概念，另一种文化没有这种东西，于是也就没有对应词。① 胡开宝认为，文化限定词（即文化局限词）受制于特定国家或民族的文化，是表示风俗习惯、生活方式、文化传统、历史和政治事件等的词汇。②

根据以上学者对文化局限词的定义可以看出，文化局限词的特点是：只存在于特定语言中，在其他任何一种语言中没有相对应的词。

而对于文化局限词的分类，目前有两种分法。一种是胡开宝等学者主张的三类法，分为以下三类：

（1）某种文化特有的词。

（2）有内涵意义或联想意义的词。

（3）成语、典故等。

还有一种方法是从生活的不同层面划分，也可分为三类：

（1）社会物质文化词。

（2）社会精神文化词。

（3）社会自然文化词以及专有名词。

（三）国俗词语

学者王德春与梅立崇是早期研究国俗词语的两位代表人物。两位学者研究的词语对象主要是汉语词汇。

王德春对国俗词语的定义是：与中国的政治、经济、文化、历史和民俗风情有关的，具有民族文化特色的词语。基于此定义，他将国俗词语大致分为两类：反映我国特有事物和概念的词语以及具有特殊民族文化含义的词语。从词汇意义的视角考虑，他又将国俗词语分为以下七种③：

（1）反映我国特有事物，外语中没有对应的词语。

（2）具有特殊民族文化色彩的词语，除表示相应的实物意义外，还有特殊的民族文化含义。

---

① 王还．由编汉语汉英双解词典看到的词典释义问题［J］．世界汉语教学，1987（01）．

② 胡开宝．论异化与《新世纪汉英大词典》中文化限定词的翻译［J］．外语教学，2006（01）：55-60.

③ 王德春．国俗语义学和《汉语国俗词典》［J］．辞书研究，1991（06）．

（3）具有特殊历史文化背景意义的词语。

（4）国俗熟语，包括成语、谚语、俗语、惯用语等语言中现成的、固定的词组或句子。

（5）习惯性寒暄用语。

（6）具有修辞意义的人名。

（7）兼具两种以上国俗语义的词语。

梅立崇从对译角度将国俗词语定义为：国俗词语是别的语言中无法对译的词语，或者说是"非等值词语"，是别的语言中很难找到与之完全对应的词语。基于此定义，他将国俗词语分为五类：[①]

（1）名物词语，指反映汉民族所创造的特有的物质文化的词语。

（2）制度词语。

（3）熟语，包括成语、惯用语、俗语、谚语等。

（4）征喻词语，主要指具有修辞意义的词语，如具有象征义、联想义、色彩义的词语。

（5）社交词语，包括招呼语与道别语、致谢语与致歉语、谦辞与敬辞、禁忌语等。

（四）文化特色词

文化特色词这一术语来源于翻译学家斯内尔·霍恩比（Snell Hornby）对词汇的分类。从语言的交际作用出发，霍恩比将词汇分为五类，如图3-3所示。[②]

① 梅立崇. 汉语国俗词语刍议 [J]. 世界汉语教学，1993（01）：33-38.

② 曾泰元. 语料库与汉英词典编纂 [J]. 辞书研究，2005（01）：86.

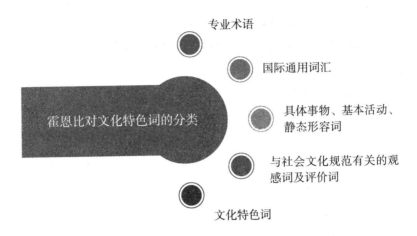

图 3-3　霍恩比对文化特色词的分类

　　而当前学术界对于文化特色词的界定，主要有三种观点：一种强调文化特色词的民族性，认为文化特色词是某一民族所特有的词语；另一种观点强调文化特色词反映独特社会文化的特点；第三种观点则认为文化特色词兼具上述两种观点的特点。

　　综上所述，学术界关于文化特色词的概念界定虽众说纷纭，但对于文化特色词的归纳与分类基本都包括以下几个方面：

　　（1）表示本民族所特有的事物或现象的词语，在另一种语言中没有相同概念或者意义的词语，如"长城"和"对联"。

　　（2）独特历史时期或历史条件下产生的词语，这些词语有着丰富的民族文化语义，反映了该时期的历史文化特点，如"状元"和"丝绸之路"。

　　（3）在漫长的历史发展过程中，有些词语由于自身某些特点被赋予了文化意义和联想意义，如"大锅饭""夜猫子""梅兰竹菊"等。

　　（4）熟语、俚语、典故词等，如"拔苗助长""马踏飞燕""破釜沉舟"等。

　　（5）具有鲜明文化色彩的日常生活用语或寒暄用语，如"过奖""彼此彼此""意思一下"等。

　　如上文分类举例所示，我们可以看到这些文化特色词之间的区别就是不同的词语分类所涵盖的领域范围不同，表达词语含义的方式也不尽相同。

第二节　文化特色词产生的原因

文化特色词是反映独特的民族文化的词语，其中"特色"产生的原因就是两种语言在民族文化方面的差异。也就是说，文化特色词的"特色"是两种语言进行民族文化对比体现出来的。本节以汉、英两种语言为研究分析对象，探索文化特色词产生的原因。中国的民族文化与西方国家的民族文化相比，有很多文化现象是中国特有的，而汉语文化特色词就是指反映中国独特民族文化的词语。因此，从本质上来看，文化特色词产生的原因是民族文化的差异。接下来，我们将详细探讨造成文化特色词产生的民族文化差异因素，如图3-4所示。

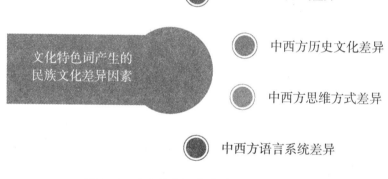

图3-4　文化特色词产生的民族文化差异因素

一、中西方生活方式差异

语言作为文化的承载者，记录并反映着文化。每个国家和民族的文化中都会存在一些表示基本生活方式的词语，以汉语和英语为例，这部分词语在两种文化之间的基本概念是对应的，这也是中西方文化能顺利交流的前提和基础。但由于不同的地域、生活环境和气候，中西方文化在服饰、饮食、建筑、乐器、器物等方面存在的差异也十分明显，这些差异逐渐构成了当地人们独特的生活方式。随着时间的沉淀，这些差异反映在语言上，就形成了体现本民族独特生活方式的词语，即文化特色词。中西方文化在生活方式上的差异主要体现在衣食住行及宗教信仰方面。

（一）中西方衣食住行差异

中西方在各自长期的历史发展进程中，形成了反映各自民族特色的服饰、饮食、建筑以及交通文化的词语。

在服饰方面，中西方有各自传统的服饰，这些服饰符合民族的生活习惯和审美观念。如中国的深衣、襦裙、长袍、马褂、旗袍等；西方国家的方格裙、贝雷帽、长罩衫、蕾丝装等。这些表示服饰文化的词语都是本民族所特有的，在其他民族里找不到对等词。

在饮食方面，中国的饮食结构主要是五谷和蔬菜，配以少量的肉食。南方以米饭为主，北方以面食为主。西方国家的饮食构成则以肉类食品和奶制食品为主。此外，中国的烹调技术比较发达，烹调方式多样，主要为炖、炸、煎、烧、煮、煨、焖、煲等，西方烹调食物注意保持营养，烹调方式比较单一，主要为烧、烤、炸、煎、炒。中国还有很多特色的美食，如一些节日美食，饺子、粽子、汤圆、豆腐等。西方的特色美食有比萨、长棍面包、烤牛排、汉堡包、三明治、各类小点心等。

在酒水饮料方面，中国人喜欢将水烧开后饮用；喜欢喝茶，如绿茶、红茶、白茶、黑茶等，喝茶时不添加其他食品；喜欢饮用白酒和啤酒。西方人则习惯饮用生水甚至冰水；嗜好饮酒，尤其爱饮啤酒、葡萄酒、香槟酒；其他习惯饮用的饮料还有矿泉水、苏打水、橘子汁、红茶、咖啡等，在喝红茶或者咖啡时喜欢添加糖、牛奶、蜂蜜等食品。

在建筑方面，中国传统建筑类型繁多，建筑材料主要是土木制品，建筑类型主要有宫殿建筑、宗教建筑、园林建筑、民间建筑；具有代表性的建筑有故宫、各种佛寺道观、苏州园林、北京四合院、上海绞圈房子、福建土楼等。这些建筑基本维持封闭的形状，追究内在的含蓄和私密性，体现出中国人民依附于土地，向往和平安定生活的思想意识。而西方传统建筑的建筑材料主要是石质制品，建筑风格多变，有古希腊式、古罗马式、哥特式、拜占庭式等；具有代表性的建筑如梵蒂冈圣彼得大教堂、圣索菲亚大教堂、巴黎圣母院、总督宫、凡尔赛宫等。西方的建筑注重建筑的艺术效果，时代特色鲜明，整体风格是外向的、活泼的，体现的是以神灵为崇拜对象的宗教精神或出世观念。

在交通方面，中西方传统的交通方式受当地的地理环境和社会环境的影响各有特色。中国传统的交通工具有牲畜、轿子、步辇、舟船、滑竿等，是我国封建文化和地域文化在交通工具上的反映；西方传统的交通工具是牲畜或马车，有四轮马车、六轮马车、三套马车等。

（二）中西方宗教信仰差异

宗教信仰文化作为一种对人类社会影响十分深远的文化形态，不仅影响着社会政治、经济、哲学、艺术的发展，还积淀在人们的语言和心理结构中，长久地影响着人们的思想和行为。

中国的宗教信仰文化一直是服从于世俗政府的，并且受传统儒家学说的影响。中国人信仰的宗教主要有道教，佛教和基督教。其中道教是中国的本土宗教，它基于我国鬼神崇拜的观念而产生，有健全的神灵体系，讲究多神崇拜，像"玉皇大帝""王母娘娘""财神爷""灶王爷"等都是十分有中国特色的道教神仙的名称。佛教自西汉末年传入中国后，不断发展演变，形成了中国化的佛教，收获了众多信徒，一些有关佛教的成语和俗语体现了中国佛教的特点，如"借花献佛""临时抱佛脚""菩萨心肠"。此外，中国的一些风俗习惯、传统节日也深受传统宗教、神话传说的影响，如除夕夜放鞭炮是为了赶走怪兽"年"，七夕节是牛郎织女在天上相会的日子等。

西方的宗教信仰文化对人们生活的影响体现在方方面面。基督教作为西方的主要宗教之一，影响着西方人的信仰、道德、伦理及民族主义。《圣经》作为基督教的传世经典，融合了犹太民族的神话传说、政治法律和历史文化，其中的许多人物故事在人们心中留下了深刻的印象，像"上帝""圣母""天堂""魔鬼""十字架"等词汇在西方谚语中比比皆是。如：

原文 1：The devil can site *Scripture* for his purpose.

译文 1：魔鬼引《圣经》，不会怀好意。

原文 2：The way to Heaven is by Weeping Cross.

译文 2：忏悔受难，得升天堂。

原文 3：Crosses are ladders to heaven.

译文 3：十字架是登上天堂的梯子。

原文 4：Man proposes，God disposes.

译文 4：谋事在人，成事在天。

二、中西方历史文化差异

每个民族的历史发展进程都有其独特性，历史发展进程不同，所产生、积累的文化也不相同。在漫长的历史发展进程中，中西方经历了不同的时代变迁与文明变更，形成了各自不同的哲学思想、政治制度、经济制度、风俗习惯等民族文化，这些文化体现在语言上，产生了许多体现民族文化的文化特色词。这些词语只有在人们了解了当时的历史背景之后才能明白其中蕴含的深层含义。

（一）中国历史文化发展

中国是一个拥有五千年历史文明的大国，依次经历了奴隶社会、封建社会、半殖民地半封建社会以及当下的社会主义社会。奴隶社会文化如商朝的宗法制、井田制、青铜冶炼、甲骨文造字法；封建社会延续的时间久远，历史上的朝代更迭及每个阶段所产生的文化也更加丰富多彩，如秦朝的皇帝制、阿房宫、万里长城，汉代的刺史制度、推恩令、察举制、乐府诗、天人合一思想，唐代的贞观之治、开元盛世、科举制度、五言七律诗、颜筋柳骨、唐三彩，宋代的活字印刷、诗词歌赋、书法、山水画、理学思想，元明清的元曲、昆腔、京剧、双簧、四大名著、本草纲目、西学东渐。当今社会发展节奏加快，新鲜的事物和理念层出不穷，出现了很多反映社会发展变革的特色词，如改革开放、一带一路、社会主义核心价值观、拼车、团购、给力、萌宠、相亲等。

（二）西方历史文化发展

西方国家的历史源远流长。在政治制度方面，古希腊时人们创建了希腊民主政体，同时期的古罗马则实行军事民主制度；到了中世纪的欧洲，封建君主们先后制订了三种君主制统治形式，分别是封建割据制、等级制、专制君主制，还出现了自治城市；进入 12 世纪，王权不再具有至高无上的权力，人们越来越看重法律对权力的限制，在此基础上《大宪章》的出现确立了"王权有限，法律至上"的统治原则；类似的事件还发生在英国，"光荣革命"后出台的《权利法案》《王位继承法》就是为了限制国王、枢密院和上院的权力。

在经济方面，西方的经济学理论起源早，发展迅速。西方国家从 16 世纪开始探讨重商主义，17 世纪创立了古典经济学，随后亚当·斯密继承和发展了这一经济体系理论，19 世纪的约翰·穆勒把经济学划分为具有自然真理性质的生产和受制度影响的分配这两个不同的部分，19 世纪"边际革命"之后，边际主义者们创立了微观经济理论。在这一时期，经济危机伴随着经济的发展连续出现，严重影响了社会的运转和人们的生活，因此，人们开始试图从宏观角度寻找造成经济危机、经济波动的原因，宏观经济理论就此诞生。

西方传统文化的发源地是欧洲，欧洲的历史更加悠久，特别是西欧。欧洲传统文化的发展阶段可以分为四大阶段。第一阶段以古希腊、古罗马文化为代表，有积极勇敢、喜爱自由、追求享受、崇奉中庸等特征；第二阶段以中世纪的基督教文化为代表的，鼓励人们信奉来世思想、原罪论、救世论和教会中心论等基督教宣扬的社会思想；第三阶段是 14 世纪以后的文艺复兴运动、宗教改革以及启蒙运动思想，以人文主义、因信称义、理性主义为核心思想；第四阶段是 19 世纪中期因为科学革命的开展带来的文化大发展阶段，这个时期的文学发展迅速，批判现实主义的文学成为其中的优秀代表。

（三）中西方著名历史事件

历史文化差异的影响体现在历史进程中的方方面面，中西方在历史发展的过程中，经历了各种历史事件，因而有很多反映这些事件的词语。

中国的著名历史事件如大禹治水、盘庚迁殷、烽火戏诸侯、武王伐纣、商鞅变法、文景之治、光武中兴、黄巾起义、赤壁之战、安史之乱、黄巢起义、杯酒释兵权、岳飞抗金、闭关锁国、鸦片战争、戊戌变法、甲午战争、辛亥革命。

西方国家的著名历史事件如希波战争、伯罗奔尼撒战争、布匿战争、斯巴达克斯大起义、恺撒遇刺、罗马迁都、日耳曼人灭亡西罗马、卡诺莎之辱、文艺复兴、启蒙运动、黑死病爆发、哥伦布发现新大陆、宗教改革、光荣革命、工业革命、独立战争、南北战争、法国大革命、普法战争。

三、中西方思维方式差异

图 3-5 为中西方思维方式差异。

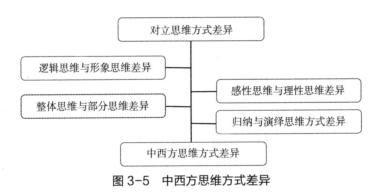

图 3-5　中西方思维方式差异

（一）逻辑思维与形象思维差异

逻辑思维是通过概念、判断、推理反映现实的思维方式，它以抽象为特征，能反映事物的本质特征。形象思维则是文学艺术创作过程中常用的思维方式，依靠形象反映生活，运用典型化和想象的方式表达作者的思想情感。中国人的形象思维十分发达，这一点通过中国的汉字和古典文学的成果就能看出来。汉字是一种象形文字，中国的书法艺术体现了字画合一、感性生动的特点。中国的古典文学则是种类繁多，有诗歌、散文、戏曲、小说等，在这丰富多彩的文学瑰宝之中，形象生动的比喻、联想，感性且诗意的描述手法数不胜数。

西方人与中国人恰恰相反，他们的逻辑思维格外严谨。这一点可以从西方文学著作《荷马史诗》的题材处理和谋篇布局中看出来。《荷马史诗》由《伊利亚特》和《奥赛罗》两部英雄史诗构成，这两部英雄史诗都采取了戏剧式的集中、概括和浓缩手法，把出现的众多人物、复杂的情节和丰富精彩的画面浓缩成了一个严谨的整体，从而充分展示了命运的冲突和人物的性格。

（二）整体思维与部分思维差异

在对思维的基本智力操作上，西方人倾向于对部分的分析思维模式，中国人则偏向于对整体的把控和综合思维。

对西方人来说，要想弄清楚某一事物，就要从内部结构入手，对事物进行分割和拆分。因此在西方人的思维模式中充满了分析的特征，如在希腊晚期，亚里士多德就对已有的学科知识进行了分类，将它们分为政治学、物理学、修辞学、伦理学等。

在看待和评价事物时，中国人习惯把事物放在一个环境中分析，因为事物的诞生、存在、发展、变化离不开环境对它的影响，所以需要充分考虑环境内事物与其他事物之间的关系，并参考以往对此类事物的其他经验，进行类比式的判断和推理。例如，中国的中医认为人的身体是一个有机联系的整体环境，在这个环境中，各个器官部分是相互依存、相互影响的，一处受损，就可能导致其他部位发生变化，比如中医认为眼睛看不清楚有可能是肝功能有问题。这种方法从宏观上把握事物的全貌，有时会得出意想不到的结果，乃至被西方人称为"东方神秘主义"。

（三）感性思维与理性思维差异

感性是由感情和感觉主导的个体生命的本能，感性是理性的基础。理性产生于生命进化的过程中，是人类大脑经过思考和判断得出的关于事物现象和规律的一种抽象认知，既包括思维本身的结论，也包括与此相关的行为判断。感性和理性的共同存在和发展，促进了人类社会的发展与进步。

一般情况下，中国人的判断力和情感受感性思维的影响较大，而西方人从古代开始就很注重理性看待事物。如中国人认为"不知者不怪"，而苏格拉底则认为无知作恶比明知故犯还要恶劣，因为"无知"本身就是"恶"；中国人为了和睦相处可以"大事化小，小事化了"，西方人则必须论辩出真理在谁的手上，也不会因为对方的身份或地位放弃自己坚持的理念。

（四）对立思维方式差异

世间万物都有其对立统一的两方面，这就是对立思维。中西方文化中都曾提到过事物之间的矛盾对立关系，如中国古典著作《易经》中的阴阳论。然而中西方看待对立关系的观点却并不相同。

中国文化注重求同的思维方式，以天人合一的思维方式处理问题，强调万物一体、和谐共生。这一点在伦理观上则表现为当集体利益大于个人利益，或当集体利益受到威胁时，个体可以放弃个人利益保全集体利益，个体应把集体利益放在首位。而在西方文化中，人们相信应使用矛盾的斗争性思维方式处理问题。人们认为个体应设法保护好自己的个人利益，集体利益或来自整体的力量是异己的，是压制个人发展的，因此，个体应学会随时抗拒这种压抑自我的力量。

在中国文化中，人们认为"人之初，性本善"，人们相信人的本性是善良的，在人的成长过程中，只要提供一个良好的学习环境并加以引导，就能养成好的性情。一个人的性格应是始终如一的，人格的分裂是不被理解的。但西方文化却持相反的观点，认为人性本恶，人格经常会分裂，人与命运的悲剧一直都在发生。人生到处是冲突和矛盾，人必须在斗争中寻求生存与发展。

（五）归纳与演绎思维方式差异

中国人乃至东方人说话写文章时习惯用"归纳法"，即在论述某一话题时，采取由次要到主要，由背景到任务，从相关信息到主要话题的发展过程，通常把对某一事物的看法或对别人的意见和建议等主要内容放在最后，这是逐步达到高潮式的方法。西方人则习惯采用"逆潮式"的演绎法来表达自己的看法。这种方法的特点就是把话题放在讲话的最前边，以引起听话人或读者的重视。把中西方两种语篇的论述方式以因果关系来阐述就是：中方语篇是"因"在前，"果"在后；西方语篇是"果"在前，"因"在后。

四、中西方语言系统差异

以汉语和英语为例，它们属于不同的谱系，语言类型和特点也各不相同。从谱系来看，汉语属于汉藏语系，英语属于印欧语系中日耳曼语族下的西日耳曼语支。从语言的形态变化上看，汉语属于孤立语，英语属于屈折语。汉语与英语在语音、文字、语义、词汇、语法方面都存在较大的差异。

（一）语音与文字差异

英语和汉语在语音和文字方面差异较大。由于汉字属于单音节，每个字的发音一般由一个声母和一个韵母组成，因此，为了避免相同音节字义上的混淆，每个汉字都有声调。汉语中有四种声调，即阴声、阳声、上声、去声。此外还有轻声。而英语中的词多为多音节词，没有声调之分。为了区别词汇的意义，英语往往采用重音、次重音和轻音的读法，单词和句子也有升调和降调之分。

在文字的区别上，汉语属于典型的象形文字，很多汉字有很强的形象特征，可以从字形判断字义。而英语中的单词由字母拼成，所以英语是典型的拼音文字，我们可以根据英语的字形判断一个单词的发音，却无法猜测它的意思。汉字独特的造字方法使汉字除了表意之外还兼具其他语言功能，如汉字的修辞手法拆字格，又称拆字法，在汉语的猜字谜游戏中人们喜欢用拆字法构成谜底，如"牛过独木桥——打一字"，谜底是"生"字。

此外，在英语中字、词不分，词就是最小的天然语言单位，英语中的造词法或是使用派生法在词根前后加上词缀，或是采用合成法将两个单词合并，还可能采用转换法转换单词的词性，但总体来讲不如汉字的偏旁和部首表意明确。汉语造词法还有一点与英语造词法不同，那就是字是汉语中最小的语言单位，汉语中的字既可以是一个词，也可以作为一个词素，与其他字构成新的词。例如"花"是一个字，也是一个词，"花"作为词素可以构成新词"种花、养花、买花、卖花、牡丹花、玫瑰花、水仙花"等。汉语的造词能力很强，虽然汉语的字数少于英语的词数，但汉字构成的词数并不比英语的词数少。

（二）语义差异

英语和汉语在语义上的差别较大，主要是因为两种语言分别属于不同的文化。其中有一部分就是我有你无或者我无你有的，如中国的毛笔（brush）、宣纸（rice paper）、门神（Menshen）、瓷器（china）、年画（nianhua）是英美国家没有的，而牛仔（cowboy）、嬉皮士（hippies）、汽车旅馆（motel）等是西方国家特有的。还有一种情况是由于对事物的思维角度不同，人们对事物的命名和分类不同。如汉语中有"鸡"这一概念，而英语中没有，英语中不是"cock,rooster（公鸡）"就是"hen（母鸡）"，或者"chick（小鸡）"，这种现象也属于词语的不对等或不对应，给人们的阅读和翻译造成了一定的困难。

另外一种常见的现象就是人们根据自己不同的评价标准，把事物分成好坏、美丑等带有主观判断意识的词汇。如汉语中对老虎这一形象的描述通常与英雄概念联系颇深，这一点从汉语中的"虎将""虎威""如虎添翼""猛虎下山""生龙活虎"等词就可以看出；而在英语中有类似英雄联想意义的动物形象却是狮子，因此，英语中有"as bold as a lion"，"lion-hearted""as majestic as a lion""A lion at home, a mouse abroad"等说法。

（三）词汇与语法差异

1. 词汇差异

英语和汉语在词汇分类上大致相同，但也有一些差异，如：

（1）英语中有冠词，汉语中没有。

（2）汉语中有量词和语气词，英语中没有。

（3）词类相同，所包含的范围不同。

2. 语法差异

（1）基本句型差异。英语中有七个基本句型，分别是：主谓，主谓+主语补足语，主谓宾，主谓宾宾，主谓宾+宾补，主谓宾+状语，主谓+状语。而汉语中的句型除了动词做谓语的句型与英语句型基本一致外，还有名词谓语句（我们全家五口人）、形容词谓语句（这张床很漂亮）和主谓谓语句（他身高 190）。

（2）时态表示方法差异。在汉语和英语中，时态的表示方法有很大的差异。在英语中，时态与动词息息相关，是动词的一种表现形式，不同的时态表示动作是在不同的时间或以不同的方式展开的。在句子的表达中，人称、数、语态等表达应与时态保持一致，举例来说，当单数第三人称作为句子的主语时，谓语动词也要变成第三人称单数的形式，如：

例1：他今天吃了一个苹果。

译文1：He eats an apple today.

而汉语中的动词没有时态的差别，也没有单复数的区分，汉语中表示过去时态一般有两种方法，最常见的办法是在谓语动词前加上表示时间的状语，如：

例2：他两周前去了上海。

还有一种情况就是当句子的上下文语境中已经交代过事件发生的具体时间时，之后的句子就不用再特别强调时间。如：

例3：她昨天去了商场，看了一场电影，买了几件漂亮的衣服。

（3）句子结构的差异。英语和汉语在句子结构上的差异表现在四个方面。

首先，英语的句子结构注重"形合"，此处的"形合"指的是主句与分句之间，不同的句子成分之间的逻辑关系主要依靠语言形式手段，如语法、词法来体现；汉语的句子结构注重"意合"，此处的"意合"指的是汉语在很多时候不依赖于语言形式手段来体现句子之间的逻辑关系，比较注重隐性的连贯性，因此，在句子构成上经常省略语法的使用，如：

例1：他明天不来，我过几天就去找他。

译文1：If he doesn't come tomorrow, I will come to him after a few days.

其次，汉语句子中多动词，英语句子中多名词、形容词和介词，如：

例2：他不抽烟。

译文2：He is a nonsmoker.

例3：他见到你连魂都丢了。

译文3：He was confounded at the sight of you.

再次，英语的语序相对汉语的语序而言比较灵活，有前置定语和后置定语之分。在具体的应用上，定语有时放在所修饰名词的前边，如China Bank；有时放在所修饰名词的后边，如：Bank of China；甚至可以放在距离名词比较远的位置。汉语中的定语在大多数情况下是放在所修饰名词的前边的，如晴朗的天气、美好的祝福、雄伟的山脉、奔腾的河流，等等；除非有修辞上的需要才放在名词的后边，这一点在汉语古文中体现得十分明显，如居庙堂之高，则忧其民；处江湖之远，则忧其君。

最后，英语句子倾向于使用被动语态，特别是信息性和理论性的文体。因为西方人注重客体意识，使用被动语态可以减少主观意识色彩，而中国人注重主观意识，强调动作或行为必须由人来完成。当表述者不知道动作的执行者时，汉语多用"有人""人们"等作为主语，有时甚至用无主句表述。例如：

例4：要想赢得战争的胜利，就必须考虑后勤供应问题。

译文4：The logistics supply must be given careful consideration if we want to win the war.

第三节 中国文化特色词及其分类

一、中国文化特色词的概念及特点

（一）中国文化特色词的概念

根据上文对文化特色词的概念界定和文化特色词产生原因的分析，我们可以推断出中国文化特色词的概念。中国文化特色词就是诞生于中国，为中华民族所特有的，能反映中国各类文化的词语。中国文化特色词描述的不一定是中国文化中才有的事物，但这个事物一定有中国文化赋予它的内涵。中国文化特色词的"特色"是相对于普通词汇和外语词汇而言的，或者说是在中外文化交流的过程中凸显出来的，如一个事物或事件如果在外语中没有完全对应的词，就需要用中国文化特色词来表示。

由于汉语不同于其他语言的构成和使用特点，中国文化特色词的语言表达方式也独具特色，一些事物的概念、名称，各种专业术语、短语以及其他民族文化鲜明的词语的表达方式都体现了汉语语言文化独特的魅力。

（二）中国文化特色词的特点

中国是一个拥有五千年历史文明的大国，在拥有丰富的文化遗产的同时，亦拥有深厚的语言积淀。语言的记录和文化的传承，因此诞生了描述这些文化的词语。根据对这些词语的定义，我们可以总结出它们的特征：

1. 独特性和不可替代性

例如，皇帝、中国结、儒家思想，这些词语展现了中国文化特有的对象、事物或思想观念，这些词语在其他语言文化中并不存在或含义有所区别。有些词语即使在其他语言文化中存在意义基本对等的词语，但彼此之间的具体含义还是有差别的。

2. 创造性与时效性

中国特色文化的典型代表就是民俗文化，由广大人民群众创造的中国文化特色词是中国文化中的精髓。中国文化特色词的创造性体现在广大人民群众的创造力上，中国历史源远流长，每个时期都有自己独特的民族文化，广大人民群众在每个时期都会依据当时的文化创造出体现民族特色的词汇；中国文化特色词的时效性体现在这些词语都是紧跟时代发展的洪流，在特定的时代背景下产生的。例如，在当今社会，信息传播十分迅速，某一新鲜事物刚刚产生，描述这个事物的词语就出现了，如中国风音乐。

3. 深刻的文化含义

一些中国传统文化特色词具有深刻的文化含义，如中国传统价值观里的"仁""义""礼""智""信"，都是古代人们遵守的行为规范，经过一代又一代的使用，人们对这些词的文化含义有了不同的解读，因此这些词积累了丰富的文化底蕴。如"义"，通常被翻译为"正义"或"公平"，但这两个翻译都无法充分表达它内在的深刻的文化含义。

二、中国文化特色词的内涵

中国文化特色词的内涵主要包括两个方面，其一是文化特色词的本义展现了中华民族独特的文化个性，其二是文化特色词的附加意义蕴含着中华民族独特的文化内涵。

（一）展现民族的文化个性

民族的文化个性表现为民族文化之间的差异性，民族文化的独特性。民族文化的独特性是由民族所处的特殊的生存环境造成的，一个民族生存环境中最重要的就是他们可以获得和利用的生活和生产资源。可以利用的资源及其特性决定了民族的生产生活方式，也造就了不同的文化，产生了不同的文化特色词。在此我们以中华民族具有代表性的龙凤图腾文化和福寿文化为例，阐述文化特色词展现的中华民族的文化个性。

1.龙图腾文化

中国的龙，是华夏民族崇奉的图腾神，中国龙在形象与文化内涵上与西方传说中的"dragon"都极为不同，极具民族个性。中国的龙图腾起源于上古时代，东汉的《说文解字》中对"龙"这一形象是这样描述的："鳞虫之长，能幽能明，能细能巨，能短能长，春分而登天，秋分而潜渊"。传说中国历史上的帝王都与龙相关，是龙种、龙子。因而直至今日，中国人还常说自己是"龙的传人"。接下来，我们讲一下龙图腾的产生与形成过程。

龙图腾中能腾云驾雾，行云布雨的"龙"的形象是上古时期的先民们综合了蛇、鳄鱼、猪、马、鹿、鱼等动物特征及天上的闪电意象创造出来的，众多的动物形象也反映了华夏民族多元的民族文化。"龙"形象的产生借用了这些动物不同的形象特征，具体分析如下：

首先，龙的躯干来源于蟒蛇或者鳄鱼。在新石器时代，华夏民族的先民们生活在植被茂盛的黄河地区，那里的森林和草原蛇虫众多，而蟒蛇是蛇中体型最大的，让人望而生畏，因而有些部落开始以蟒蛇为图腾；而说龙的形象来源于鳄鱼是因为远古时期江淮一带河湖密布，水生物众多，扬子鳄体型大，杀伤力强，所以把扬子鳄作为图腾的部落也不少。

仔细观察就能发现扬子鳄的眼睛、牙齿和身形跟龙的形象十分接近，而以前龙的身形也比较短。

其次，龙头的形象源自原始先民豢养的家畜。猪是最早被豢养的动物，先民期待家畜兴旺，所以崇拜猪首灵物；后来养了马，因为马的形象比较英俊，龙的猪首形象被马取代。

再次，硕大强壮的角是强有力的象征，因此角受到远古先民的重视和崇敬。先人们认为给无角的龙加上角，龙就有了沟通天地的神性。

最后，龙须与龙鳞取自鱼，条理有序；龙爪取自鹰爪，扎实气魄。

综上所述，龙是一种身形如蛇，身披鳞片，有锋利的爪子和强壮的角的生物形象。传说龙可以上天入地，呼风唤雨，是吉祥、智慧和尊贵的化身。因此，古代帝王垄断了龙图案的专利，称自己为龙子，皇帝的位置被称为龙位。

2. 凤图腾文化

与龙图腾形象相对的是凤图腾。凤是"凤凰"的简称，是华夏民族传说中一种美丽祥和的动物，是先民们综合禽类形象创造的形象。禽类包括鸡和孔雀，尤其孔雀是最温和、华贵和美丽的飞禽，受到先民们的崇拜是很有可能的。古代用"凤"比喻有圣德的人，例如孔子曾被称作"凤"；同时"凤"是吉祥与好运的化身，如周朝的兴旺是因为"凤鸣岐山""凤凰显瑞"。由此，凤凰就成了中华民族传统文化中祥瑞的代表符号，帝王的妻子皇后穿的衣服被称为"凤袍"，头饰则为"凤冠"。至今中式的婚庆饰品和婚庆礼服上都少不了龙和凤凰的图案。

3. 福寿文化

"福寿双全"是对长辈（特别是年龄较大的长辈）的祝福语，意为：幸福（福气、福运）与年寿两样全备。先说"福"的文化含义。把"福"字拆开来看，左侧偏旁"示"部意为祷告、祈祷之意；右侧"一"字表示平安，"口"为人口，"田"为土地，连起来就是祈祷有人有田，平平安安就是"福"。"福"文化被运用到了民俗日常交际的方方面面，如逢年过节时会把写有福字的红纸贴在门窗上，在汉语中与"福"字有关的词汇也多是褒义词，如多子多福、福音、福利、福星高照等。2008年北京奥运会的吉祥物名为"福娃"，向全世界展现了中国独特的"福"文化。

"寿"字从商代开始运用。生活在落后的封建社会，人们饱受天灾人祸的困扰，因此祭祀天地、鬼神，希望摆脱贫穷，寿终正寝，长命百岁。例如，人们觉得松、鹤、龟等自然界的动植物可以年复一年地生存下去，生命力顽强，于是把它们奉若神明；孔子曾说过，大德必得其寿，"修身以道，修道以仁"，提出了"仁者寿"的观点。

"福"与"寿"都是中国古代人民对生活的美好向往，文化特色词"福寿安康"更是把这两种追求结合到了一起，与之类似的还有"五福同寿"，出自《尚书·洪范》——"一曰寿，二曰富，三曰康宁，四曰攸好德，五曰考终命"。

传统书法中为了迎合这种祈福的心理，人们曾创造出"长瘦福"，"福"字字形狭长，偏瘦，音谐"寿"，把"福"和"寿"合为一字，取"福中有寿，福寿双全"之意。

（二）表示特定的文化内涵

中国文化特色词的引申义、比喻义等意义可以表示中国文化特有的内涵，例如，根据事物的自然属性联想到的文化内涵，根据事物的特征联想到的文化内涵，根据宗教神学影响联想到的文化内涵以及根据字词的语音联想到的文化内涵。

1. 根据事物的自然属性联想到的文化内涵

不同民族所处的区域位置不同，所能接触到的事物就不同；能接触到相同的事物，也会因为社会背景不同导致看待事物的角度不同，进而对事物的自然属性引发的联想不同，因此，最后赋予事物的比喻意义和感情就会有差异。

中国文化对鲜花等动植物赋予了丰富的比喻意义和感情，例如常用鲜花等植物比喻女性的容貌和纯洁的心灵：

"人面桃花相映红"用桃花比喻少女美丽的容颜，类似的还有"芙蓉如面柳如眉""云想衣裳花想容"；"出淤泥而不染，濯清涟而不妖"比喻纯洁、高尚的品行，类似的还有"咬定青山不放松，立根原在破岩中"。

用动植物来比喻爱情的更是数不胜数：

"红豆生南国，春来发几枝"用颜色鲜艳的红豆来比喻男女热恋时期的相思之情；"在天愿作比翼鸟，在地愿为连理枝"原本歌颂的是唐朝皇帝李隆基和他的爱妃杨玉环的爱情故事，后用来比喻夫妻之间相互依靠、不离不弃；"君当作磐石，妾当作蒲苇"用坚定、坚硬的岩石和柔弱却坚韧的蒲苇代表对两人恋情的信心。

这些生动、形象的比喻是根据汉语词语的具象性以及人们长期以来对事物的观察、体验生成的，都体现了中华民族独特的文化内涵。

2.根据事物的特征及宗教神学的影响联想到的文化内涵

拿"桃子"来举例，因为桃子具有容易栽培、产量高、存活时间长的特征，传统文化便用"桃李满天下"一词来比喻和赞美老师的教学成果如同辛勤园丁培育出的累累硕果一样；而"桃符"一词却是受神学的影响产生的。传说在遥远的东海有一棵大桃树，树下住着的两位神有吃百鬼的神通。老百姓听闻后为了驱鬼辟邪就在桃木板上写上两位神灵的名字或画上他们的画像，做成"桃符"，将桃符挂在门上。

3.根据字词的语音联想到的文化内涵

汉语是单音节文字，一字一音或一字多音，这就给通过语音联想赋予字词新的文化内涵创造了条件。例如，中式婚礼庆典中经常使用的实物——红枣、花生、桂圆、莲子，谐音汉语中的"早（红枣）生（花生）贵（桂圆）子（莲子）"；中国的宴席文化中常有的菜肴——鸡、鱼、丸子，谐音汉语中的"吉利""年年有余""团团圆圆"，表示人们对美好生活的期盼。

同时，在市场经济迅猛发展的今天，各大商家也利用这些承载着丰富的文化内涵和充沛的人文情感的词语宣传自己的产品，甚至国外的商品也乐意通过这种方式迅速赢得中国客户的喜爱，如可口可乐，表示该产品既好喝，又能给人带来快乐；化妆品牌兰蔻、雅诗兰黛、娇兰等将外语发音中的"lan"翻译为兰花的兰，依靠中国传统文化中人们对兰花的偏爱引起了情感共鸣，从而完成了品牌宣传与促销的任务。

三、中国文化特色词分类

中国文化博大精深，文化特色词种类繁多，依据上文对文化特色词的分类，结合中国文化特色词的具体情况，我们对中国文化特色词进行了新的分类，具体可分为生态文化类、物质文化类、社会文化类、精神文化类；其中社会文化类包括风俗文化类、习语类等，精神文化类包括政治文化类、宗教文化类等。

（一）生态文化词

文化在特定的生态环境下形成和发展，不同的地域有不同的代表文化。生态文化包括一个民族的地理位置、地形地貌、气候特点、地名等，如大陆、山川、森林、沙漠、岛屿、海洋、河流以及热带、温带、寒带等。生态环境的不同和生存地域的差别造就了中国独特的生态文化词。

中国地处东半球，西部高山环绕，东部毗邻大海。这种地理位置特点使得秋冬季节西风刮起来时，气温降低，气候干冷。因此，中国文化以"西风"代指秋冬季节肃杀的冷风，西风起，落叶满地，万物萧条，因此多用来比喻凄凉、清冷的氛围，如马致远在《天净沙·秋思》中写"古道西风瘦马"；有时还比喻走向灭亡的腐朽势力。与之类似的还有"喝西北风"一说。在中国的北方，冬季常刮西北风，如果在十分寒冷的冬天在户外活动又肚子空空，往往一张嘴就灌进一腔冷风，给人带来"饥寒交迫"之感，所以常用"喝西北风"来形容生计艰难，无饭可吃。

（二）物质文化词

物质文化是指为满足人类的生存和发展需要所创造的物质产品及其所表现的文化，包括饮食、服饰、建筑、交通、生产工具以及乡村、城市等。

中国饮食文化受阴阳哲学五行思想、儒家道德伦理观念、中医养生说、文化艺术成就等诸多因素的影响，内涵丰富，影响深远。中国饮食不仅烹调技术高超，菜肴的命名也十分新奇别致，很多菜名蕴含着深厚的文化底蕴。例如"东坡肉"，传闻是北宋文学家苏东坡所创制的一道口味独特的红烧肉；把松仁玉米称为"金玉满堂"，意为祝愿食客财源广进、发大财，把清蒸鲩鱼称为"年有余利"也有此含义；把香烧乳鸽称为"和平万岁"体现出人们对和平的向往与赞美等。

中国文化特色词中有很多成语、熟语描述了中国的饮食文化，如成语"尚左尊东"讲的是中国饮食文化餐桌礼仪中的座次问题，以左为上，以东为尊。如果是圆桌，则正对大门的为主客，主客左右手边的位置则以离主客的距离来看，越靠近主客位置越尊，相同距离则左侧尊于右侧。"食不言"讲的则是吃饭的时候不能讲话的规定。

（三）社会文化词

1.反映人际关系与社会关系的词语

社会由人组成，社会文化也是由人类群体共同创造的，包括历史文化、风俗习惯、称谓方式等；同时人类从出生之日起就参与到社会活动中来，每个人的生活都离不开社会，社会文化影响着人的生活方式、行为习惯等；人依存社会而生，社会的进步与发展也离不开人们的共同努力。社会文化词就是描述这些人们的社会关系、人际关系的文化特色词，包括社会风俗类词语、管理社会关系的规章制度类词语等。

又如，体现中国传统婚礼习俗的词语有：娶亲之前有男方给的"三书六礼"和女方的"回礼"，还有长辈的"安床"，婚礼过程中的"花轿迎亲""迈火盆""敬茶""拜堂""闹洞房""结发""合卺"，亲朋好友的"上礼""随份子"，以及结婚三天之后的"回门"等。

除此之外，还有许多体现中国称谓文化的特色词语，比如用"豆蔻"比喻十二三岁的未成年的少女，因为豆蔻盛开于夏季刚开始的时候；用"及笄"表示少女已年满十五，到了可以出嫁的年龄，而"笄"就是古代女性用来盘头发的簪子。古时女子满十五岁要把头发绾起来，戴上簪子；"弱冠"指男子二十岁，因为古代男子二十岁时会举行"冠礼"，"弱"字是表示刚刚成年，身体还不是很健壮；"而立"指男子到了三十岁，因为古代男子到了三十岁就应明确自己的志向和今后要努力的方向了。

2.习语类词语

代表中国特色的社会文化词中还有不得不提的一类，就是习语类词汇。如果说语言记录和承载着文化，词语概括和总结了语言，那么习语就是词语中的精华。习语往往以固定格式的词组或短语的形式出现，其蕴含的意义要大于单个词的词义相加，尤其中国的习语还具有丰富的中国文化的内涵。习语还有一个特点就是念起来朗朗上口，因为习语通常讲究音律协调和音节优美。习语的表达方式有的生动形象，有的含蓄幽默，给人一种愉快的、美的享受。习语的分类如图 3-6 所示。

图 3-6　习语的分类

成语属于习语中一类，其成语有很大一部分是从古代沿袭下来的，有的是古书上的成句，有的是古人文章意义压缩而成的，还有一部分来自人民群众口里常说的习用语。成语大多是四字结构，字面不能随意更换，属于书面语性质，常见的出处有以下几种：

（1）出于古代寓言故事，如狐假虎威、鹬蚌相争、画蛇添足、刻舟求剑、黔驴技穷、抱薪救火、愚公移山、杯弓蛇影、打草惊蛇、买椟还珠、叶公好龙、画龙点睛、火中取栗。

（2）出于历史故事，如背水一战、完璧归赵、负荆请罪、望梅止渴、四面楚歌、破釜沉舟、卧薪尝胆、纸上谈兵、指鹿为马、三顾茅庐、东窗事发、如鱼得水。

（3）出于古书中的文句，如有条不紊、举一反三、痛心疾首、分庭抗礼、奴颜婢膝、胸有成竹、妄自菲薄、作奸犯科、临危授命、计日可待、水落石出、峰回路转。

谚语和歇后语也是十分常见的习语类词汇。谚语是流传于民间的比较言简意赅的话语，多为口语形式的通俗易懂的短句或韵语。歇后语是由两部分组成的固定语句，前一部分多用比喻，像谜面，后一部分是本意，像谜底，通常只说前一部分，后一部分不言而喻。举例如下。

谚语：有福同享，有难同当；路遥知马力，日久见人心；台上一分钟，台下十年功；一寸光阴一寸金，寸金难买寸光阴。

歇后语：泥菩萨过江——自身难保；孔夫子搬家——净是书（输）；冷水发面——没多大长进；老鼠上街——人人喊打。

（四）精神文化词

精神文化是人类文明不可分割的重要组成部分，精神文化词包括政治概念词、价值观念词、宗教信仰词和文学艺术词。具有中国特色的政治概念词如改革开放、"一国两制"、中国特色社会主义制度、廉政建设、"三个代表"、以人为本等；具有中国特色的价值观念词如社会主义核心价值观、为人民服务、军民一家、知行合一等；中国的宗教信仰与习俗也有鲜明的文化特色，一些有特色的词语如道教的道观、道士、炼丹、算卦、符箓、渡劫、升仙等。

文学艺术中的文学包括中国的小说、戏曲、诗词歌赋等，如四大名著、豫剧、秦腔、花鼓戏、黄梅戏、唐诗、宋词；艺术类包括音乐、美术、雕刻、手工制作等，以音乐为例，中国的民族乐器有古筝、扬琴、箜篌、二胡、长笛、尺八、琵琶、唢呐等。

第四章 文化特色词口译研究的必要性

第一节 全球化背景下的跨文化交际

当今世界已步入全球一体化的时代，在这个时代，人们的生产、生活方式出现了极大的改变，不同民族和国家的文化相互碰撞，相互影响，需要我们辨别筛选。而文化的交流离不开跨文化交际活动，离不开语言和翻译活动，尤其离不开与文化相关的口译活动。

一、全球一体化的影响

随着世界各民族文化的交流与互相影响，全球一体化已成为当今现代化进程发展的趋势。在这种趋势的影响下，人们对西方文化、殖民文化的讨论，失去了往日的热衷。虽然人们不再盲目崇拜和信仰西方文化的某些思想，但西方国家在很多方面仍处于世界领先的地位，如西方国家研究生产的高科技产品，一直保持着世界一流水准，推动着世界经济持续发展。

全球一体化对当今世界的政治经济发展有着深远的影响，这主要体现在以下四个方面：

（1）18世纪以后，科学技术迅猛发展，带动了商业经济的快速发展和经济全球化的日益推进。在这种背景下，经济结构单一的民族国家由于体制的落后，经济发展缓慢，国家统治力下降。

（2）随着科学技术的进步，一些有潜力的创新型企业大量出现，如雨后春笋般为经济全球化的发展注入了新鲜的血液，提供了新的发展道路。

（3）科技的进步提高了人们的生活质量，改变了人们的生活状态，使人们的生活在各方面都变得十分方便快捷。如手机支付、网上购物、在线学习课堂等。

（4）最后也是最重要的一点，全球一体化的生产、生活方式拓宽了人们的视野，解放了思维的束缚，改变了人们传统的意识观念，使文化进步成为时代的缩影。具体来讲，全球一体化包含着"文化多元"的新思维，意味着人类认知模式的转变，人类不再以从前的"西方主义思维"为中心，而是开始探索多元思想的发展途径。因而全球一体化既促进了"文化多元化"格局的形成，又带动了多元文化之间的碰撞、交流与融合。

综上所述，全球一体化的发展促进了社会政治、经济以及文化的发展，新的技术革命改变了人们的生产、生活方式和社会的人员构成，通信网络的普及在很大程度上为多元文化的交流奠定了坚实的基础，如聊天软件、社交平台的创建与应用。

二、文化多元化的影响

世界上有2000多个大大小小的民族，分布在200多个国家和地区。各个国家和地区自然条件、地理环境、历史背景、气候状况、生活方式等方面的差异，导致这些民族孕育出了不同的民族个性，催生出了不同的文化传统，使世界上的文化呈现出多元化与多样性。在全球一体化趋势发展之前，各个文化处于相对独立发展的状态，受外来文化影响较小；伴随着全球一体化进程的加快，多元文化之间的交流也越来越频繁。多元文化促进了文化之间的沟通，但外来文化与原有文化的相互激荡与碰撞，肯定会冲击原有的主流文化。拿中国文化与外来西方文化的碰撞产生的影响举例分析，多元文化的传播促使当代中国青少年价值观念的多元化发展。

（一）当代中国青少年价值观念的多元化

什么是"多元文化"？我们当今所指的"多元文化"，主要概念如下：

（1）人类不同群体之间的思想观念、价值规范乃至行为方式上的差异。

（2）对于特定的群体而言，是指一个国家、民族或社会中所存在的多种文化的现状。

伴随着全球一体化和网络信息化的发展，多元文化逐渐发展为一个错综复杂的发展体系，形成了全方位、多种文化并存的发展格局。用石芳的话来说，就是在时代性质上，传统文化、现代文化、后现代文化共在；在空间维度上，乡土文化、城市文化，东方文化、西方文化，国家文化、洲际文化、世界文化相互激荡；在主体上，精英文化与大众文化在不同阶层各领风骚；在地位上，主流文化与各种亚文化相互涌动。①

不同的文化倡导的生活方式和价值理念不同，在多元文化的影响下，当代中国青年难免会产生价值观念的多元化。例如，中国文化倡导集体主义和奉献精神，西方文化赞美个人主义和个性自由；中国传统文化中等级观念较强，家庭结构比较复杂，西方文化讲究核心家庭，家庭结构比较简单；中国传统文化提倡未雨绸缪，西方文化提倡及时享乐；中国传统文化中提倡聚餐时主人给客人添酒加菜，而西方文化讲究聚餐时的独立饮食，不喜欢饮食过量。理想情况下，当代中国青年会综合考虑不同价值观念所倡导的行为思想，进而形成自己的价值观。例如，在信奉集体主义的同时，根据西方个人主义中崇尚个体奋斗的观念相信个体的价值，培养和展示自己的自信心；又如在为将来的美好生活省吃俭用，投资攒钱时，也能通过合理的消费体验生活的乐趣。现实生活中还有一种多元文化传播带来的文化冲击，就是非主流文化传播导致的青少年理想信念的弱化。

（二）非主流文化传播带来的文化冲击

非主流文化是相对于主流文化而存在的。主流文化和非主流文化的定义分别如下：

---

① 石芳.多元文化背景下的核心价值观教育[M].北京：人民出版社，2014：12.

1. 主流文化

主流文化也被称为主旋律文化，主流文化顾名思义，在文化系统中占据主要位置，有引领其他文化、引导主流思想的作用。主流文化建立在国家权力基础之上，承载着国家的主流意志和价值观念，是保障国家政治经济稳定发展、民族团结和社会进步的决定性因素之一。

就中国现在的文化领域来看，以马克思主义为指导的中国特色社会主义文化毫无疑问是国家的主流文化。

2. 非主流文化

非主流文化是在服从主流文化的前提下，以一种异端的方式来校正偏离主流文化的价值取向，从而使文化沿着常态发展的文化。非主流文化倡导的是自由和个性，反对权威。

以中国的校园非主流文化为例，有网络文化、洋节文化、动漫文化等。

非主流文化是对主流文化的一种补充和辅助，但并不意味着主流文化与非主流文化之间就没有任何矛盾。事实上，主流文化和非主流文化之间仍存在矛盾和冲突，偶尔还会出现失调、摩擦和对峙的情况。尤其在文化冲突现象频频发生的今天，越来越多以谋取利益为目的的低俗行为、低俗文化充斥着并改变着人们的思维、行为和生活方式，导致主流文化的权威性受到挑战，并使主流文化处于危险境地。在这种情况下，就应通过主流文化的理想信念教育来弘扬和发展正确的思维方式和价值观念，同时有效调节非主流文化的发展，做到统一管理，使其有序发展。

（三）多元文化影响下中国文化的传播

当今社会多元文化的传播与发展使当代中国青年的价值观念和思维方式受到了巨大的冲击和影响。在这种情况下，坚守和传播本国优秀的传统文化就显得尤为重要。

伴随着改革开放的不断深入和市场经济的建设，中国特色社会主义道路在理论和实践上不断创新，不断进步，吸引了世界的目光。中国传统文化也因此在本国和世界范围内受到越来越多的关注。中国传统文化在中国人民群众之间的影响力日益提升，主要有两方面的原因：

一是因为中国人民对自己的文化逐渐有了客观的认识和清晰的评价。西方的制度和文化不符合中国的国情，不能解决中国社会上存在的问题，我们必须建设和依靠属于自己的精神文明。在建设的过程中，要保持批判继承的精神，发挥传统文化在现代社会中的积极作用，如在古典诗词和传统古籍中寻找精神慰藉等。

二是因为党的十八大以来，党中央更加注重对传统优秀文化的继承和弘扬，提出了要将社会主义核心价值观植根于中华民族优秀传统文化的沃土中的理念和树立大国文化自信的畅想。

中国传统文化在世界范围内的影响力不断提升主要体现在中国文化逐渐被世界所认知和接受。世界各国人民既可以通过孔子学院学习汉语、了解中国文化、增进与中国在教育与文化方面的合作与交流，也可以通过社交平台观看中国人民发布的视频学习汉语，了解中国。

三、跨文化交际概述

（一）跨文化交际的定义

跨文化交际作为人类社会的一种交际活动，在很久之前就已经开始了。只是之前条件有限，只有少部分人能去到其他国家或地区进行跨文化的交流，并且在交流的过程中可能存在一定的风险。第二次世界大战之后，全球政治、经济局势逐步稳定，这为人们开展跨文化交际活动打下了良好的基础；同时经济的发展和科学技术的进步使人们的出行更加便利，交流更加顺畅，跨文化交际活动因此逐渐成为人类社会不可缺少的部分。综上所述，跨文化交际是人类的一种重要的社会活动，要研究跨文化交际，我们首先需要给它下个定义。首先参考以下国内外学者提出的跨文化交际的定义。

胡文仲：跨文化交际就是不同背景的人们之间的交际。[1]

Gudykunst 和 Kim：跨文化交际是一种交流性的和象征性的过程，涉

---

[1] 胡文仲.跨文化交际学概论[M].北京：外语教学与研究出版社，2012：3.

及来自不同文化背景的人们之间的意义归因。①

　　Larry A. Samovar：跨文化交际是指那些文化观念和符号系统的不同足以改变交际事件的人们之间的交流。②

　　根据以上定义，结合跨文化交际的英文名称（cross-cultural communication 或 inter-cultural communication），可以进一步概括出它的定义内涵：跨文化交际指本族语者与非本族语者之间的交际，也指任何在语言和文化背景方面有差异的人们之间的交际。例如，当两位交际者交际时使用的语言相同，但文化背景不同时，他们的交际过程也称为跨文化交际。从对这一定义的界定中，可以看出跨文化交际包含以下几个要点内容，如图4-1所示。

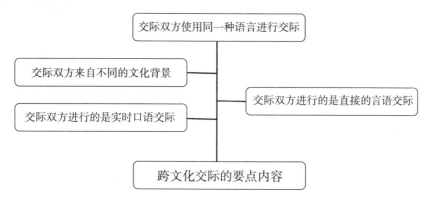

图4-1　跨文化交际的要点内容

接下来对这几个方面的要点进行详细分析：

1. 交际双方使用同一种语言进行交际

　　在跨文化交际活动中，共同的语言是双方展开交际活动的基本要素。如果双方使用不同的语言，就不能相互理解，那么他们的交际活动也就无法正常开展。一般情况下，跨文化交际的双方来自不同的文化背景，如果双方使用同一种语言，那么这种语言就是其中一方的母语，是另一方需要习得的外语。例如，交际双方一方来自中国，一方来自美国，那

---

① GUDYKUNST.Cross-cultural communication theories[M]//Cross-Cultural and Intercultural Communication. Thousand Oaks:Sage Publications, 2003：7-34.

② SAMOVAR,PORTER,STEFANI.Communication Between Cultures[M].Beijing:Foreign Language Teaching and Research Press, 2000：15.

么可供他们选择的交际语言就有汉语和英语两种，使用其中的任何一种都是使用同一种语言进行交际。

2.交际双方来自不同的文化背景

不同的文化背景所产生的文化差异有两方面的含义，一方面指不同的文化圈之间的差异，如东方文化圈和西方文化圈之间的差异，另一方面也可指同一文化圈内部亚文化之间的差异，如东方文化圈中中国文化圈与日本、韩国文化圈之间的差异。从跨文化交际的实践来看，中国人在和西方人的人际交往过程中会因文化差异产生交际冲突，有些冲突甚至十分严重。

3.交际双方进行的是实时口语交际

跨文化交际的形式是多种多样的。有使用语言符号的交际，也有使用物化形式符号的交际，后者如商品、画报、实物、演出等；有交际双方都在现场的双向交际，也有利用媒介达到交际目的的单向交际，后者如电视、广播、报刊等信息传播形式的交际；有口语交际，也有书面语交际，后者如公文、信函、邮件等的往来。这里主要讲的是交际双方以口语形式进行交际。

4.交际双方进行的是直接的言语交际

这一要点主要是针对跨文化交际中的翻译角色而言的。不同文化背景的人想要开展交际但是语言不通，就需要翻译的帮助。此时交际双方需要考虑的文化差异问题主要靠"翻译"这个中介来解决。译者必须事先了解两种语言背后的文化差异，在翻译时避免因为文化问题导致词不达意，甚至引起误会的情况发生。因为双方进行的是直接的言语交际，所以留给现场翻译反应的时间并不多，这对翻译来讲也是个不小的挑战。

（二）跨文化交际的特征

跨文化交际除了自身包含的一些内容要点之外，还有一些突出的特征，如图4-2所示。

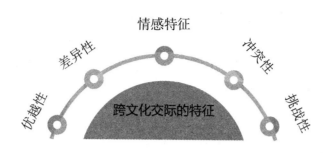

图 4-2　跨文化交际的特征

1. 优越性

由于长期处于本民族的文化浸润状态，人们已经适应本民族的文化，对本民族的思维方式、行为准则持认可态度，这种无意识的行为反映在跨文化交际的过程中，就是交际者双方都会产生一种本民族的认同感和归属感，从内心深处生出一种优越性。

在跨文化交际过程中容易出现交际双方交流不畅，观点不同的问题，出现这种情况的原因是人们受固有思维模式和原有认知水平的局限，片面地认为自己的观点肯定是正确的，对方是错误的，不可理喻的，这也属于一种无意识地维护本民族文化的行为。这种行为首先有值得肯定的地方，因为每个民族都有自己独特的优秀文化，每个人都有权利捍卫这些文化。但在跨文化交际的过程中遇见文化碰撞的问题不能一味地认为自己民族的文化是最好的，无人能比的，而对方的文化就是不值一提的。总的来说，就是不要产生文化优劣论，不要轻易否定其他民族文化。

2. 差异性

差异性是跨文化交际的另一显著特征。跨文化交际作为不同语言、文化之间的交流与对话，在许多方面存在差异。例如，交际双方在语言系统、思维习惯、行为方式、交际礼仪、生活习俗方面的差异以及价值观念、宗教信仰等深层文化方面的差异，甚至包括交际双方在文化水平、社会地位、职业、年龄方面的差异。在跨文化交际过程中，这些差异因素对跨文化交流的效果起到综合影响的作用。

3. 冲突性

有差异性，就有可能引发冲突。冲突性也是跨文化交际的特征之一。尤其在跨文化交际的初始阶段，由于语言、非语言行为、交际风格、思维模式等方面的差异，交际双方很容易产生冲突。

但不要因此害怕跨文化交际，因为这些冲突大部分是"善意的冲突"。因为"冲突"来源于人们美好的愿望，而不是恶意的动机。很多时候交际者发现在自己的民族文化中被认为是得体礼貌的行为在另一种文化中却不被理解，甚至被当作是无礼的举动，善意的想法却导致了意想不到的误解，这并非他们的本意。

4. 挑战性

跨文化交际是一种挑战性的活动。这是因为首先，你可能需要掌握和了解除母语外另一种语言和文化，这本身就是一件有挑战性的学习活动；其次，在真实的跨文化交际实践中，经常会出现误解、失败甚至冲突，所以跨文化交际不是一项简单的活动。但参加跨文化交际活动也有很多益处。它能给人们带来开阔的视野，丰富的阅历，使人与人相处的适应能力和交往能力变得更强，面对差异更加宽容，使整个人变得更加成熟和独立。

5. 情感特征

在跨文化交际的过程中，人们往往会产生情感上的强烈反应。人们参与跨文化交际经常会感到紧张、焦虑。这种紧张的情绪来源于对交际对方的不了解和对交际过程、结果的不确定性。所谓的"文化休克"就是形容在跨文化交际的过程中产生的类似心理反应。

（三）影响跨文化交际的因素

在跨文化交际的过程中，能与交际对方进行无障碍的交流是交际者的最大心愿，现实中这种想法很难实现，因为绝大多数人的交际有效性和适宜性都受到多种因素的影响。在此列举较为常见的几类影响因素。

1. 语言的局限性

语言问题是阻碍交际双方顺畅交流的首要问题。即使交际双方使用同一种语言，但对语言系统本身的不充分了解和语言中涉及的文化问题仍然存在，就会给交际造成各种障碍。语言系统中的问题如发音不标准、语义不清、词汇缺失等，语言中的文化问题如词语中的文化概念不对、文化联想差异等。

2. 思维方式的差异

各民族生存的文化环境不同，使用的语言不同，导致跨文化交际双方的思维方式不同。文化环境的主要构成因素有语言文字、哲学思想、生产方式、历史传统等。其中语言是感知和认识世界的重要手段，语言能体现思维方式。思维方式的差异导致交际双方看待事物的观点不同，进而处理事情的方法和思路也会不同。

3. 交际风格的差异

交际风格是指在交际过程中，人们传递和接收信息时喜欢或习惯采用的方式。经过研究，中美交际风格对比如图 4-3 所示。

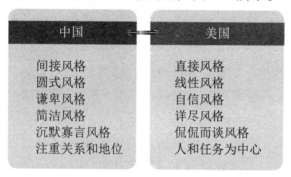

图 4-3　中美交际风格对比

如图所示，一般而言，中国人在谈话中习惯表现得十分谦卑，认为言多必失，沉默是金；且中国人对交谈双方的地位关系十分敏感，认为人际交往的主要目的就是促进两人之间的关系。美国人则喜欢展示自己的自信，喜欢就事论事，会为了解决问题与对方展开详尽的交谈，不太注重社会文化因素和人际关系对谈话结果的影响。

4. 价值观的差异

价值观就是价值观念，包括认知模式、行为准则、道德标准、世界观等。价值观是精神文明的重要组成因素，与交际活动有着密切的关系，我们能够通过言语行为和非言语行为发现价值观。例如，中国人喜欢委婉地表达自己的观点，不像美国人那样直截了当，是因为中国人比较照顾他人的情绪和看法，害怕伤害他人，这反映出中国人际关系中讲究"以和为贵"的价值取向；中国人倡导安居乐业和安分守己，喜欢过稳定的生活，而美国人追求的则是永不停顿的变化和创新，不会满足于他们所得到的成就。

（四）跨文化交际能力的提高

跨文化交际的双方有着不同的文化背景，因此，在交际过程中难免会遇到各种各样的问题，进而影响交际的效果。因此，提高自身的跨文化交际能力很有必要，具体怎么提高可以参考以下几个方面：

（1）了解自我。主要包括：①了解本民族文化的优缺点；②了解自己的交际风格；③了解自己对交际活动或交际对方的情感态度，树立正确的心态，保持客观的态度，学会传播优秀传统文化，吸收借鉴外来优秀文化。

（2）掌握目的语文化的信息系统。主要包括：①学习目的语的语言和文化，正确认识语言和文化之间的关系；②正确理解和使用非语言符号，如目光、体态、手势等。

（3）培养移情能力。主要包括：①警惕文化优越感的侵蚀，不以自己民族文化为中心，不盲目自大，看不起其他文化；②避免文化模式化的不良影响，抛弃固有成见和先入为主的态度，根据实际交往情况了解对方；③承认世界的多元性和文化的差异性，愿意学习和理解其他文化的思维方式、交际规则、价值观念等文化知识。

（4）学会处理冲突。主要包括：①正确看待跨文化交际中的冲突现象，由于语言、文化、习俗等方面的差异，跨文化交际参与者之间发生误解、冲突是很正常的现象，遇到冲突不必惊慌失措；②学会处理冲突的方法，如在预感要发生冲突时绕开话题或沉默不语；找到双方都能接受的折中办法；交际一方放弃自己的观点、立场，接受他人的解决办法等。

第二节　语言中的文化信息解读

语言与文化的关系十分密切，当代语言哲学家认为，语言与现实关系的实质，就是语言与文化的关系。剥离了文化及其承载的意义，语言将只是一个空壳。与此同时，语言是文化传播的载体，人类社会的运作依赖语言。而语言中的文化信息，又被称为语言中的文化因素，自然是十分重要的。语言中的文化信息可以从两个方面进行解读，分别是语义中的文化信息和语用中的文化信息。

一、语义中的文化信息

（一）词汇意义

语言的一个十分重要的功能就是表达意义，语言表达的意义简称"语义"。语义不是一成不变的，往往受到文化和语境的双重制约，其中文化对语义的影响制约尤为重要。而在语言的各个要素中，文化与词汇的关系又最为密切和直接，我们就以词汇意义中的文化信息作为研究对象进行详细分析。

词汇的意义有很多层次，在这里为了理解方便，我们把词汇的意义简单分为两种，即"指示意义"和"内涵意义"。词汇的指示意义也称"概念意义"，是词典上对词语的定义，一般来说，指示意义是对客观事物或事件的命名和描述，不带主观色彩，较为客观和稳定，在不同的文化背景下含义大致相同，不会影响跨文化交际中意义的传递和理解。词汇的内涵意义，也称"附加意义"，是特定文化中约定俗成的意义，会随着时代的发展而变化，包括的成分也比较复杂和多样，包括感情色彩、联想意义、象征意义等。

（二）颜色词与数字词

颜色词和数字词是各个民族语言中最为常见的词汇，是在日常生活中使用频率较高的词汇。这两类词在不同的民族文化背景下被赋予了不同的象征意义，代表着不同的感情色彩，而其不同的文化内涵容易引起跨文化交际中的疑惑和误解。举例说明如下。

1.颜色词

颜色词的内涵意义受文化的制约，其所代表的感情色彩、联想意义、

135

象征意义因民族文化的差异而不同。以红色和白色为例。

红色是中国文化中的基本崇尚色，中国人的红色情结是其他民族不可比拟的。在中国传统文化中，红色就代表着幸福和喜庆，是人们庆祝节日、装饰门庭的主打色之一，还有辟邪的含义。当今社会，人们又赋予了红色更多的文化内涵。例如，红红火火，有祝愿生活越来越好、做生意财源广进的意义；红极一时，红得发紫，表示某人知名度很高，很受人欢迎；过年分红，指将盈利部分分给众人；红色根据地，指的是中国共产党的政治革命基地等等。红色在西方文化中有着不同的象征意义，红色在英文中有"鲜血、暴力、危险、亏损、负债"等负面含义。例如，"red revenge"意为血腥复仇，"a red battle"意为血战，"red card"意为红牌，"red alert"意为红色警报，"red figure"意为赤字、亏损等。

白色是一种基本的色彩，在不同的民族文化中含义不同。白色在西方、日本和朝鲜民族中受到人们的喜爱。在西方文化中，白色是干净和纯洁的象征，西方神话传说中的天使就是身着白衣，背后长着白色的翅膀的形象。白色还用来比喻纯洁的爱情，西方人结婚时会把举行婚礼的场所布置成白色，新娘穿着白色的婚纱，手中拿着白色的捧花，接受众人的祝福。与西方文化中用白色来象征纯洁的爱情类似，在日本的传统婚礼上，新娘也会穿白色带花的和服参加仪式。"白衣民族"朝鲜族更是崇尚白色，他们在设计朝鲜的国旗时将白色当作国旗的底色，每逢佳节吉日需要送人礼金，也要用白色的信封将礼金包装起来。然而在中国文化中，白色代表着血液枯竭、失去生命，象征着可怕的死亡和令人恐惧的凶兆。中国人在亲人过世后会穿上白色的孝服，带上白色的孝帽或在头上系一条白色的带子表示家中有人去世。白色作为不详征兆的象征，还用来代指失败，如战争中失败的一方会"举白旗"表示投降，把出力不讨好的工作称为"白忙活、白费力气、白干"等。

2. 数字词

数字词除了有表示数字的作用之外，在不同的民族文化中还有不同的象征意义。例如，因为"九"是个位数字中最大的，并且"九"字与"久"字谐音，所以"九"在中国是一个吉祥的数字，有"九五之尊""十拿九稳"之说。而日本人却不喜欢"九"这个数字，因为在日语中"九"字与"苦"字谐音，有辛苦、痛苦之意。

中国文化重视平衡与和谐的观念，因此中国人特别偏爱使用偶数。例如，汉语中有许多双音节的词汇，成语一般是四个字组成的，中国古代建筑讲究工整对称，传统婚礼也会选偶数的日子举行，甚至婚宴上的菜品也要是偶数，送礼、上礼金也是偶数为宜，这代表着对新人双宿双飞、和和美美的祝福。相比之下，日韩民族文化更喜欢单数。日本人不喜欢双数的原因是认为双数容易拆开，在结婚时不使用双数有避免离婚的含义，给新人上礼金时也须准备单数的金额。

在西方文化中，有"lucky seven"的说法，由此可见西方人对"七"的喜爱。每逢7月，西方国家就会有很多新人举行婚礼，尤其在7月7日这一天，结婚的人特别多；2012年的伦敦奥运会在当地时间的7月27日开幕。而在中国广东方言中，"七"字和"出"字谐音，有着"钱财流出"的含义；在汉语普通话里，"七"字和"气"字谐音，表示生气、不愉快，因而中国人不喜欢"七"这个数字。

数字词在不同文化中含义不同的例子还有很多，以上只列举部分。了解了数字词的文化内涵，有助于人们在跨文化交际的过程中更好地与他人交流。

（三）禁忌与委婉语

禁忌文化在人类社会中普遍存在，指的是人们对有些事情（如生老病死、隐私等）不愿过多提及的现象。禁忌的存在催生出了大量的委婉语。委婉语是人们在日常的交流中实现理想交际的表达方式，通常采用使人感到愉快的含糊说法表达可能令人产生不悦或感到不尊重的想法。不同的禁忌文化下有着不同的委婉语文化。

例如，中西方文化都对疾病、排泄和死亡方面的话题有忌讳，需要用委婉语来表达。关于疾病，西方文化常用缩写字母代替疾病的名称，如"ALL"代表急性淋巴细胞性白血病，"CHD"代表冠心病，"PD"代表帕金森病，sightless 表示"blind"（瞎）等。中国文化中关于身体的残疾和缺陷也有一些委婉的表达，如用"盲人"代替双目失明之人，"谢顶"代替发量稀少，"腿脚不方便"代替腿部有残疾，"失聪""耳背"代指听不见等。关于去厕所，汉语中也有一些委婉的说法，如"净手""解手""如厕""出恭""方便一下"等。英语中人们尽量用一些文雅的词来代指厕所，如"bathroom""restroom""lavatory""comfort station""public convenience"等，"上厕所"的含蓄说法有"Where can I wash my hands?""I'm going to spend a penny"，以及简略为"have a BM（bowel movement）"。

人的死亡也是不愿被提及的沉重话题，当亲近之人或者受人尊重、爱戴的人死了，汉语中就会称其为"去世、逝世、与世长辞、故去、诀别"，对英雄人物的因公去世还会尊称"牺牲、就义、殉职"等。西方文化中会将"死者"称为"the departed"（与大家分开的人）；对死去的其他表达方式如图4-4所示。

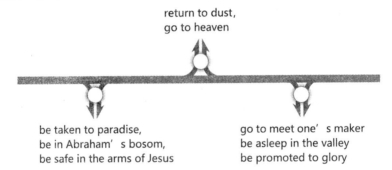

图 4-4　西方文化中有关"死亡"的委婉语

此外，由于超重和肥胖已成为西方国家较为严重的社会问题，人们不希望别人用"fat"一词形容自己，如果想形容一个人胖，可以用"plump""buxom""voluptuous""full-figure"表示丰满的，富足的。在中国文化中，人们会用"肉嘟嘟""丰满""富态""发福""丰腴""心宽体胖"来形容身材丰满。

对于西方国家的老年人和妇女而言，年龄问题是一个敏感话题，是一个不愿被人提及的问题。这其中主要有两方面的原因，一方面是因为人老了就意味着要失去原来的工作和经济来源，再加上西方国家没有儿女必须赡养老人的传统和法律，很多老年人过着贫困且孤独的日子；另一方面是因为美国文化本身对年轻、活力与不断变化的价值理念的推崇和喜爱。由此产生的描述年龄较大的委婉语如图 4-5 所示。

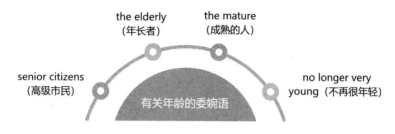

the elderly（年长者）　the mature（成熟的人）

senior citizens（高级市民）　　no longer very young（不再很年轻）

有关年龄的委婉语

图 4-5　西方文化中有关年龄的委婉语

但在中国文化中，人们提倡尊老敬老，汉语中有很多关于"老"的褒义词，如"老当益壮""老马识途"是对老人的赞美，赞美老人行事经验丰富或者神勇不减当年；汉语称呼语中在姓氏后加一个"老"字，如"张老"，是对有学识且品德高尚的长者的尊称；老人称自己的朋友为"老伙计"，也是对朋友的爱称。

（四）敬语与谦辞

敬语在很多国家和地区都是非常重要的礼貌用语，人们根据对方的年龄、辈分、地位或者与对方的亲疏关系选择适当的敬语称呼对方。很多西方国家在第二人称单数的使用上有正式和非正式的区别，类似于汉语中的"您"和"你"。如法语中的"vous"和"tu"；德语中的"Sie"和"du"；西班牙语中的"usted"和"tu"。

中国是一个讲究礼貌用语的国家，中国人提倡尊敬老人，年轻一辈的人称呼老人要用敬语"您""老先生""老爷爷"或者"大妈""大爷"等生活气息较重的称呼语表示尊重。中国人对于职位比自己高的人也比较尊重，因为职位较高的人通常经验比较丰富或者能力比较强，这也是中国人等级观念意识较强的体现。韩国人与中国人相比，对敬语的使用更加执着，在称呼比自己年龄大的人时都会使用敬语，哪怕是只大两三岁的学长、学姐也不例外。

在欧洲人看来，对于自己身边关系比较好的、比较熟悉的人，不论社会地位的高低或者年龄的大小，一律使用平语，一般是直呼其名或者在姓氏前边加上"先生""小姐""太太"等；与之相反的是，他们会对关系不是那么亲近甚至陌生人使用敬语作为称呼语，除非对方说明不用使用敬语。

汉语中对别人使用尊称的说法还可简单列举如下：

称呼他人：仁兄、贤弟、贤侄等。

称呼他人的亲人：令堂、令尊、令兄、令妹、令爱、令郎等。

称呼他人的事物：高见、高论、高足、高寿、高龄、高就等。

中国人在对别人使用敬语的同时会对自己使用谦辞，放低自己的地位，以表达自己的谦虚，这也体现了中国文化提倡谦虚的价值观。汉语中常见的谦辞：

称呼自己：小人、小弟、小生、小可，老朽、老身、老脸，敝人等。

称呼自己的家人：家父、家尊、家母、家兄、家姐、舍弟、舍妹等。

称呼自己的住处及与自己相关的事物：寒舍、敝处、敝姓、拙作、拙见等。

中国文化认为，自谦和敬人，是相辅相成、互相统一的。在中国，尽管在现代日常生活中谦语使用不多，但其精神随处可见。只要你在与人交往的过程中表现出谦虚和诚恳，人们自然会尊重你。

二、语用中的文化信息

语言与文化的密切关系不仅体现为语言表达了文化内容，而且体现为语言使用的规则也受到文化的影响。不同民族文化中的语用规则是有差异的，了解语用中的文化信息能尽量避免跨文化交际过程中的语用失误。

（一）礼貌原则与策略

礼貌原则是影响语用规则的重要因素。讲礼貌是人类文化中的普遍现象，礼貌使交际双方处于平等的地位，让交际双方感到自己被尊重、被需要，是交际双方保持良好关系的前提条件。西方国家具有代表性的礼貌原则是利奇于 1983 年提出的六条相关准则：

1. 得体准则

2. 慷慨准则

3. 赞扬准则

4. 谦虚准则

5. 一致准则

6. 同情准则

由于在不同文化中人们对礼貌的各项准则重视程度不同，人们判断礼貌的标准也不尽相同。例如，中国人更重视谦虚准则，所以一个人是否谦虚是评判他礼貌程度的重要标准；英国文化更看重言谈举止的得体，所以一个人的言行举止是否符合场合或事件的要求更为重要。

同时，同一种准则在不同文化中的含义差别是非常明显的，这一点体现在语用过程中。例如，得体原则在中国礼貌原则中的解读就蕴含着中国的礼制观念文化。中国是世界上有名的讲究礼仪和礼节的国家，中国人对"礼"的重视体现在社会生活的方方面面。在中国古代的等级制封建社会中，人们对"礼"的重视程度不言而喻。对当权者而言，"礼"是维系统治秩序、维护等级秩序的根本；朝中大臣、贵族和百姓在知礼守礼观念的引导下，讲究尊卑有别、长幼有序，每个人都谨记自己的身份地位，不会做出超越身份之举；每个人都能明确自己应承担的责任、应履行的义务，只有这样，整个社会才能正常运转，人与人之间才能和睦相处、和谐共存。

此外，交际双方身份、地位的差别导致礼貌语言使用上的差别。例如，公司领导制订工作计划，会要求员工在某一期限内必须完成某项工作任务，他可以对员工说，"这个月必须完成二十万的业绩"。这在中国文化中是非常正常的。中国文化中上级对下级、父母对子女、教师对学生，习惯使用祈使句。这听起来像是违背了利奇的"得体准则"，但其实是符合中国文化的"礼"文化要求的，即人们说什么、怎么说都必须符合自己的社会地位。

称呼语、问候语、称赞语和感谢语都是与礼貌密切相关，反映民族文化的词语，也是跨文化语用学研究的重点，接下来重点讨论这几类词语。

（二）称呼语

称呼语是每个民族都有的语言文化，它在整个社会中使用，帮助人们在社会中确定自己的位置和角色，并且用来表达人们之间的社会关系。由于文化发展背景不同，中国和西方国家的称呼语构成了自己独特的系统，反映着不同的文化特点。例如：

第一，汉语的称呼系统强调展示具体的人际关系，而英语受个人主义的影响，称呼系统对人际关系的表达比较简单统一；

第二，汉语的称呼系统会为了表达社会等级的不同使用不同的称呼，而英语中大部分称呼语都暗含着平等概念，很少有词语来描述社会的等级；

第三，汉语的称呼语都比较感性，注重维护人与人之间的和谐关系，英语的称呼语比较重视公平和手段，比较理性；

第四，汉语中称呼语的使用会考虑对方的年龄和资历，会比较尊重年龄大的人，英语中称呼语的使用更注重个人成就，对年龄的差别不太重视。

语言和文化的差异，导致中西方称呼语系统具有不同特点，但两种语言中称呼语的分类大致相同，基本可分为三类：表示关系的称呼语、用来交际的称呼语、表示职业和头衔的称呼语。

1. 表示关系的称呼语

（1）表示亲密关系。在汉语文化中，人们为了表示对对方的喜爱或者两人之间关系比较好、比较亲密，创造出了一些表示亲密关系的称呼语，如对年龄较小的晚辈或者年轻人会以"小"字称呼：称呼幼儿"小宝贝""小淘气"，再大一点的称为"小鬼""小毛孩"，对成年的年轻人会在姓氏前加"小"字，如"小张""小王""小李"。英语中也有使用昵称表示亲昵关系的词语，但是不如汉语中多，如"honey""sweetheart""peanut""dirty puppy"等。

（2）表示比较亲密的关系。在汉语文化中，表示较为亲密的关系的称呼语包括"老师、同学、老板、老乡、朋友"等。这些词语在两种情况下使用，一是表示称呼者与被称呼者之间的真实关系，如一名学生称呼他的老师为"老师"；二是称呼者表示对被称呼者的尊重，如一名学生家长称呼学生的老师为"老师"。在英语文化中，只有三个称呼语是比较重要的，即"父亲""医生""老板"。事实上，这三个词也不经常使用，尤其是"老板"一词。这反映了英语文化中人们认为人与人之间是平等的。

2. 用来交际的称呼语

在汉语中，用来交际的称呼语可分为两类，一类是在比较正式的场合使用的，如"先生、女士、太太、小姐、同志、师傅"，其中"同志"和"师傅"是中性的，男女通用；这些词语既可以单独使用，也可以放在姓氏、名字、头衔后使用。例如，我们可以称呼一位先生为"张先生""纯良先生""张纯良先生""司机先生"。还有一类是为了拉近双方的交际距离，使双方的关系变得更加具体和特殊而使用的，这类词借用了亲属关系里的称谓词，可以单独使用，也可以放在姓氏、名字、头衔后使用。例如，在问路时可以称呼一位年长的女士为"阿姨"，如果是熟识的姓张的女士则可以称为"张阿姨"；在医院，小朋友可以称呼护士为"护士姐姐"等。

在英语文化中用来交际的比较正式的称呼语有 Sir，Madam，Mr，Miss，Mrs 等。这些词的使用方法也各有特点。单词 Sir，Madam，Miss 通常单独使用，来称呼陌生人；Ms，Mr，Mrs 和 Miss 与人的姓氏连在一起使用，如 Mr. John，Miss Smith；Mr 可以和官衔、军衔连在一起使用。这些称呼语在英语的交际场合里使用频繁。例如，与汉语中在学校直接称呼老师不同，英语文化中老师被称为 Mr. 或 Miss 加姓氏。

3. 表示职业和头衔的称呼语

在汉语文化中，可以充当谓语的与职业相关的称呼语是比较高等的，常来自受人尊重的职业，包括白领和需要高等技术的蓝领，如上文提到过的老师、医生，其他还有经理、工程师、律师、学术家、司机等。但在英语文化中，只有教授、医生、护士、邮递员等较少的职业被用来充当称呼语。

头衔可以被用作谓语的包括官方头衔、职称头衔、学术头衔和军衔。汉语文化中所有的官衔都可以被用作称呼语，这是因为汉语受等级森严的社会背景影响，每个人对自己的头衔都十分重视。在中国的社会文化里，在称呼人时把他们的头衔喊出来，是为了显示对他们的社会地位的尊重，对不同等级的权力的尊重，如张部长、王教授、李将军等。而在英语文化中，头衔用来充当谓语的情况也比较少见，不是说权力和权威在西方国家不重要，而是一般情况下人们的思想是比较平等的。英语中的官方头衔有总理、大使、参议员、法官、牧师、少校等。

（三）问候语

问候语是能充分体现一个人礼貌修养的词语，在不同的文化中人们都会使用问候语表示对他人的尊重和关心，在不同的文化里问候语的使用也有不同的特点。例如，在汉语和英语文化中人们表达问候的方式和问候时讨论的话题内容存在差异。

中国人会根据见面时的具体情况采用灵活的方式表达问候，体现人际交往过程中的亲切感，如"吃了吗？""去哪儿？""忙什么呢？""看孩子呢？""买菜呢？""锻炼呢？"等。

说话者问出这些问题其实并不是真的好奇问题的答案，有时即使对方没有明确回答或者答非所问也没关系，只要问候的情感信息被对方接收了，就相当于达到了打招呼问好的目的。就问候聊天的内容而言，汉语问候语的显著特点除内容复杂之外，还常常以对方的具体生活、工作、健康等作为话题，例如：最近工作怎么样？工作收入如何？身体怎么样？上次的感冒好了吗？

而在西方国家，人们每次白天碰到朋友都会进行问候，同样的问候语可能一天对不同的朋友说很多次，这在中国人看来似乎是有些多余的。西方人日常打招呼只会说"hello"或者"how are you"，有时也会按照时间点问候"good morning""good afternoon""good evening"。如果一个中国人跟一个英国人打招呼问"吃了吗"，英国人会以为对方要请他吃饭；如果问他"去哪"，他会以为对方在打听他的行踪隐私；还有一种中国式问候语"正忙着呢"，对方会认为你都看到了还问，岂不是很多余。这些例子说明西方人不了解汉语中这些虚化的问候语的文化内涵。不同的问候语方式，受不同的文化规范的影响。

西方人的问候语内容则大多分为两类，一类是天气，如"The weather is fine today！"或者"It's fine today！"；一类是近况，但仅限于泛泛而谈，不会特别详细。这是因为西方人更重视自己的隐私，为了避免侵犯他人的隐私，西方人不喜欢太详细地谈论自己或者他人的琐事。

（四）称赞语和感谢语

称赞和感谢都是人际交往中重要的言语行为，它们帮助人们建立良好的社会关系。称赞语表达的是对他人或他人有关事物的赞美之情，感谢语则是对他人对自己的赞美或者帮助表示感恩。称赞语在不同的文化背景下有着频率、内容和对象方面的差异。

在频率上，西方人称赞别人的频率要更高，他们更愿意表达自己的赞美之意。相比之下，中国人在表达自己的情感方面比较含蓄，一般不会特别直接地称赞别人。在称赞的内容上，中国人多赞扬他人的才华和能力，美国人多赞扬他人的衣着打扮和个人品质。中国人不太称赞别人的外貌是因为中国人重视内在的道德修养，提倡不能"以貌取人"；而美国人称赞衣着打扮的变化是因为衣着是人为的结果，是体现一个人品味的地方；而长相是天生的，是不能改变的。在称赞的对象上，中国人不会在客人面前主动称赞自己的家人，也不会称赞对方的伴侣，而西方人则持相反的态度。

对称赞的回答方式也存在很大的文化差异，英语文化中习惯对别人的赞美自然接受并表示感谢。回答"I am glad to hear it"或"I am glad to be of help."而中国人常常表示否定，以示谦虚。回答"没有没有"或"哪里哪里"。当中国人与西方人不了解对方的文化背景，以自己的方式回答别人的称赞时，可能会让对方感到尴尬或莫名其妙。

第三节　翻译和文化的关系

一、文化因素与翻译效果

翻译不仅是两种语言之间的符号转换，更是跨文化之间的交流与对话，这是翻译最基本的性质。翻译是传播语言和文化的载体，不能脱离文化因素。要想做好翻译工作，必须了解译语的文化背景，掌握文化现象，因为任何翻译脱离了语言中的文化因素，就会直接影响译文的翻译效果。这一点在译者翻译著作时表现得最为明显，原著作本身就是一件文化产品，包含诸多文化因素，译者作为另一文化的承载者，对原著的理解和翻译就是两种文化碰撞、交流的过程。

语言作为文化的一部分，与文化相互影响、相互作用。语言反映一个民族的历史和文化特征，还包括该民族的思维方式、价值观念、生产、生活方式。例如，中国古代文人对菊花（也称黄花）赋予了独特的文化内涵，有隐者高士们的超然洒脱，如"采菊东篱下，悠然见南山"；有游子们的感时伤怀，如"强欲登高去，无人送酒来。遥怜故园菊，应傍战场开"；有志士们坚贞高洁的品格，如"宁可枝头抱香死，何曾吹落北风中"；还有勇者们的壮志豪情，如"待到秋来九月八，我花开后百花杀。冲天香阵透长安，满城尽带黄金甲"。菊花作为花中四君子之一，寄托着中国文人们高尚的人格理想，具有中国文化中特有的含义。如果读者不是本国人，就很难联想到这一层含义，这不是仅依靠翻译就能完成的文化传递。

例如，中国宋代词人李清照的名句"满地黄花堆积，憔悴损，如今有谁堪摘"的英文译文"The ground is covered with yellow flowers/Faded and fallen in showers/Who will pick them up now"，在外国朋友读来就有些难以理解，因为他们看到"yellow flowers"时联想到的是 daffodils（水仙花）、sunflowers（向日葵）、buttercups（毛茛）等黄颜色的花，无法联想到 chrysanthemum（菊花），就算联想到了菊花，不了解菊花在中国文化中的文化内涵，也不能理解译文的深刻内涵。像这些因为文化特色或者历史沉淀而形成的民族文化特色语义词，只有当译者对此有深入细致的了解之后才能体会它们的真正含义，并给出正确的解读。

二、影响翻译的重要文化因素

影响翻译的重要文化因素大致可分为三类，即知识文化、观念文化和隐性文化。

（一）知识文化因素

知识文化包括生活习惯文化、生活环境文化、物质生产文化、科技文教文化方面的知识。这些知识内容在原文化中是人们非常熟悉甚至人尽皆知的，但被翻译成目的语时，可能需要进一步进行文化解析。接下来我们以生活习惯文化知识、生活环境文化知识和物质生产文化知识为例进行分析。

1. 生活习惯文化知识

在中国的传统文化中，人们对饮食非常重视，因为在古代，吃饭问题是人们生活中的头等大事，所以人们在日常见面打招呼时喜欢问对方"吃了吗？"以达到问候和寒暄的目的。发展到现代，人们问这个问题的初衷也发生了变化，问"吃了吗？"并不是真的想知道对方有没有吃饭，而只是想跟对方简单地打个招呼。如果要翻译成英语，大可不必翻译为"Have you eaten your meal？"之类的话，而是简单的一个"Hi！/How are you？"即可。

中国文化中还有很多由"吃"引申出来的内涵词语，这些词语在英语中不能直接按照字面意思翻译，而是要根据内涵意义分别进行"意译"，例如：

饭桶——good for nothing

吃香——be very popular

吃不开——be unpopular

2. 生活环境文化知识

不同的民族生活在世界上不同的国家和地区，由于生活环境的差异，形成了不同的文化，积累了不同的知识。例如，耕牛在中国古代的农村生活中占有重要地位，因为耕牛是农民耕地的好帮手。因此汉语中创造了许多与"牛"相关的词语，赋予了"牛"特殊的文化内涵。比如，牛喝水很多，并且喝水时大口大口地喝，所以形容人大口喝水用"牛饮"，而在英国，人们傍水而居，所以生活环境中鱼类很多，用"drink like a fish"来形容人大口喝水；又如牛的身体很强壮，力气很大，人们用"壮如牛"来形容年轻的小伙身体强壮，但在英国，牛在人们的眼里都是缺点，如"throw the bull"意为胡说八道，相反，英国人早期用马耕地，因此马在英语中有能干、健壮的意义，常用如"as strong as a horse""work like a horse"（工作很卖力）等夸赞人。

居住环境是生活环境的重要组成部分，房屋建筑是居住环境中必不可少的元素。在中国的传统文化中，房屋建筑文化独树一帜，内涵丰富，由此产生了不少有特色的语言表达，例如：

美轮美奂——（of a new building）tall and splendid；magnificent

大门不出，二门不迈——never leaves the house to make contact with outsiders

雕梁画栋——carved beams and painted rafters；a richly ornamented building

3. 物质生产文化知识

物质生产活动是人类开展其他活动的保障和前提，丰富的物质生产活动丰富了人们的精神和物质生活，产生了不同的文化。英国临近海边，航海事业的发展历史悠久，与航海相关的文化内容也很丰富，很多独特的语言表达也与海洋、航海有关，例如：

in full sail——全力以赴

all at sea——茫然，不知所措。

sail before the wind——取得成功

trim the sails to the wind——顺势而为

同样，畜牧业的发展对英语语言文化的影响也很大，举例来说，与牧羊业中"羊"和"羊毛"有关的习语有：

follow like a sheep——盲目遵从

sheep without a shepherd——乌合之众

lose one's wool——丢失羊毛（意为发脾气）

like a sheep to the slaughter——陷入险境而不知

as a sheep among the shears——人为刀俎，我为鱼肉。

与英国物质生产文化不同的是，中国是一个农业大国，因此有很多与农业生产有关的习语，这些习语囊括了气候、农作物、耕作方法等与农业生产息息相关的话题。例如：

精耕细作——intense and meticulous farming

麦秀两歧—— good year brings a good harvest

日出而作，日落而息——work from dawn to dusk

拽耙扶犁——engaged in agricultural activities，farm as a profession

（二）观念文化因素

观念文化的内容包括宇宙观、宗教信仰、艺术创造、认知方式、思维方式和价值观等。其中价值观念是整个文化体系的核心，由于民族和文化的差异，中西方价值观也存在较大的差异。这些差异所造成的误解是应首要解决的。例如，汉语和英语文化中对相同概念的表达各不相同，在两种语言互译的过程中，译者需要注意表达方式的转换。例如：

百闻不如一见——Seeing is believing

有志者，事竟成——Where there is a will, there is a way

过犹不及——going too far is as bad as not going enough

功夫不负有心人——Everything comes to him who waits

同一客观事物在不同的文化中承载着人们不同的情感内涵，能引起人们不同的联想。在不同的语言文化中人们赋予同一动物形象不同的内涵意义。例如，狗是英语文化中受人喜爱的动物，被认为是家人，是朋友，这在英语的习语和俗语中表现如下：

lucky dog——幸运儿

a gay dog——一个快乐的人

Love me, love my dog.——爱屋及乌

a cat and dog life——争争吵吵的日子

又比如，英国有一位首相曾经发言说："I am an old now, but I am still thinking about working for the peace and development of the world..."（我已经老了，但我仍然想着要为世界的和平与发展而工作……）

如果将"I am an old dog"翻译成"我是一只老狗"显然不合题意。结合西方文化中狗的形象内涵，译者应理解这句话的意思是首相说自己已经老了，年龄大了。如果不能及时反映出这类词的文化差异，一旦翻译失误就会引起误解和不快。

（三）隐性文化因素

口译作为翻译的一种，是一种实时的跨文化交际行为，是特定语境下的文化传播行为。在口译活动中，译者除了要注意较为明显的知识文化因素和观念文化因素对翻译的影响，更要特别注意隐性文化因素在翻译中的作用。隐性文化因素的误译往往会引起交际误解，造成不良的交际影响。隐性文化因素包括一些礼节性的场面话、客套话。众所周知，中国是文明世界的礼仪之邦，讲究文明、礼仪、谦让。尤其在接待客人

或举办大型活动时，会说一些礼节性的场面话。这些话一般根据具体语境灵活翻译，不用直译。例如：

原文：欢迎大家参加我们的迎新年晚宴，我代表晚会组委会向你们表示热烈的欢迎。这是一个欢乐的夜晚，这是一个尽享美酒佳肴的时刻，我真诚地希望各位能度过一个美好的夜晚。请不要客气。

> 译文：Welcome all of you to join our party to celebrate the coming New Year. On behalf of the organizing committee of the party, I'd like to extend my warmest welcome to all of you present here. This is a joyful evening, this is a happy time for enjoying delicious cuisine and unique wine. I sincerely hope you will have a nice night. Please help yourself.

其中，"请不要客气"是带有中国的隐性文化因素的表达方式，意思是请客人不用太拘束，希望客人像在自己家中一样随意。因此根据语境，结合对文化差异的了解，可以翻译为"Please make yourself at home"或"Please help yourself"。而如果将"客气"直译为"礼貌"，整个句子的翻译就是"Please don't be polite"（请不用表现得有礼貌）。这样的说法肯定会让听者疑惑不已，为什么会要求他们不礼貌呢？

又如当来自西方国家的专家受邀参观或者拜访中国的公司或组织时，中国的接待人员在介绍完参观项目时喜欢客气地询问来访者的感受或意见："您认为哪里有需要改进的地方，请提供宝贵意见。"此时，译者不能将宝贵意见直接翻译为"valuable opinions"，来访者会认为如果真的提了意见就说明自己不够谦虚，好像是在说"Yes, my opinions are valuable, please listen carefully."（对，我的意见十分宝贵，请认真听）。然后，为了显示自己的礼貌，他们就会表示自己没有什么意见。因此在这种情况下，这句话应翻译为"Your opinions will be appreciated!"或"Please share your advice with us and we would appreciate it very much！"（您提的意见我们会尊重并认真考虑的！）。

中国人在接待客人时往往准备得十分认真，尤其接待外国友人来访时，各方面安排得都比较细致，基本上是把自己最好的一面呈现给客人，希望客人有好的参观体验。但当外国友人对中国人的接待工作感到满意并表示感谢时，中国人经常给出谦虚的回复，如"招待不周""准备工作做得不够好""如有不周之处，还望海涵"之类，或者直接表示这是我们的工作，是我们应该做的。这类的场面话在中国文化里是表示谦虚和客气，但如果直接翻译出来，来访者领会到的意思与举办方想要表达的意思可能大不相同，有时甚至会产生误解，使来访者认为举办方真的没有用心招待自己。

如将回答"这是我们的工作，是我们应该做的"直接翻译为"This is our work, we must do this"，就会显得有一些官方和生硬，给对方一种"你是出于工作而不是真心想为我服务"的感觉。译者此时应考虑西方文化中回复感谢的表达重点，用"It's my pleasure"或"Glad I could help"进行回复。

又如送别客人时，中西方都会跟客人说，"有时间再过来看我们啊"（Come and see us sometime）。在这一点上，中国人和美国人表达的都是礼貌，是客气，不是真在邀请，在计划客人下次什么时候来。而在澳大利亚文化中，一旦主人发出这种邀请信号，自己就要认真考虑下次什么时候去玩。是各个民族不同的礼貌文化、不同的民族性格和用词习惯造成了这种文化差异。因此，口译活动要根据具体的交际情境来开展，译者应不断培养自己的跨文化知识和跨文化意识。

三、翻译促进文化的交流与融合

自从人类群体诞生语言、文化以来，不同群体之间的信息传达与沟通、文化交流与融合，全都依托翻译来进行。翻译如同一张看不见的网，将不同民族、不同地域的文化编织在一起，在不同民族文化的交流中扮演着极其重要的角色。不论哪一个国家或是民族，只要想与语言不通的其他民族联系，就需要借助翻译的力量，否则就无法沟通思想、交流文化，自身的进步也会十分缓慢。引用季羡林先生对中国文化与翻译关系的一段比喻来说明翻译对人类文明发展的作用："英国的汤因比说，'没有任何文明是能永存的。'我本人把文化的发展分为五个阶段：诞生，成长，繁荣，衰竭，消逝。问题是，既然任何文化都不能永存，都是一个发展过程，那为什么中华文化竟能成为例外呢？为什么中华文化竟延续不断一直存在到今天呢？我想，这里面是因为翻译在起作用。我曾在一篇文章中说过，若拿河流来作比较，中华文化这一条长河，有水满的时候，也有水少的时候，但却从未枯竭。原因就是有新水注入。注入的次数大大小小是颇多的，最大的有两次，一次是从印度来的水，一次是从西方来的水。而这两次的大注入依靠的都是翻译。中华文化之所以能长葆青春，万应灵药就是翻译。翻译之为用大矣哉！"

季先生这段话强调的是翻译对中华民族文明延续和发展的重要作用，每一种文明的发展都会经历从繁荣到衰弱，再到消失的过程。然而中国的文化文明已经受几千年风雨飘摇的历史考验却能屹立不倒，传承至今，其根本原因就是中华民族懂得汲取、改革和创新。汲取外来文化中符合中国文化思想和价值理念的部分进行改革、创新，使之在中国生存下去，并逐渐发展成为中国文化中的新成员，这是中华民族文化经久不衰、永葆活力的法宝。其中，"从印度来的水"指的是印度佛教传播带来的佛经翻译活动，"从西方来的水"是指最早的留洋海外的学生翻译的西方的科学技术、艺术文化。

与之类似的，学者罗伟认为，翻译在中国的五个历史时期上推动了文化的发展。[①] 第一个时期是佛经的翻译时期。佛经翻译推动了佛教在中国的传播与发展。来自印度的佛教文化的传播带来了中国文化历史上首次大规模地、系统地接受外来文化、融合外来文化的活动。佛教思想经过长年累月的发展，逐步进入到中国文化的灵魂深处，反映在价值观、文学、社会风俗等文化的各个方面。第二个时期就是明末清初时期的翻译。这一阶段翻译最突出的贡献是将西方先进的科学技术引介到了中国，其次就是翻译了大量的外国文学作品，丰富了我国的文学种类，促进了文化的繁荣发展。第三阶段是以严复、林纾为代表的社会科学和文学的翻译时期。严复专门翻译西方的社会科学和学术思想，林纾应和严复的翻译思想，将翻译视为救国实业，希望人们通过学习西学思想，反思当时中国文化的弊端，寻求救国的道路。他们二人的译作推动了中国文化的觉醒，促成了近代中国文化的革命。第四个阶段是 1915 年开始的新文化运动时期。在这一时期，为了引进西方的文学思想，发展新文学，翻

---

① 罗伟.翻译的新使命——翻译与中国文化 [J].山东外语教学，1996（04）：47-49+20.

译家们将来自英国、法国、苏俄等欧洲国家的文学著作通过翻译引进到中国，为新的文化表现形式的诞生奠定了基础，提供了借鉴——鲁迅的《狂人日记》就是一个很好的例子。第五个阶段是 1949 年中华人民共和国成立之后到"文化大革命"开展前的十七年。这一阶段的翻译活动受国际形势和我国外交政策、国内文化发展政策等多方面的影响，主要集中在介绍和评价苏联和亚非拉国家的文化、文学上。此一阶段的翻译引进了大量的苏联文学作品，导致苏联的文化思想和文学创作手法对新中国建设初期的文化发展影响最为深刻。可以说在 1980 年以前，中国的文化发展乃至人们意识形态的培养和塑造都或多或少有苏联文化的影子在里面。

　　翻译促进了中国文化与外来文化的交流与融合，这一点在文学作品的译介上体现得尤为突出。谢天振指出，翻译文学对中国现代文学中主要文学样式的诞生与发展起到了巨大的，甚至是决定性的作用，如白话小说、新诗、话剧等。[①] 没有翻译，我们也不能欣赏到来自世界各国的优秀的文学作品。例如，日本作家川端康成能获得诺贝尔文学奖，就是因为有优秀的日本文学研究家把他的作品翻译成了英文，得到了国际文学界的认可，而后他的作品被翻译成中文，中国的大部分读者才得以欣赏到他的作品。

---

① 　谢天振.译介学 [M].上海：上海外语教育出版社，1999：208-222.

第五章　释意理论下中国文化特色词口译策略

第一节　中国文化特色词口译指导理论

关于中国文化特色词的口译指导理论，现有的理论研究种类较为齐全，除释意理论和本书介绍过的功能理论之外，还有关联理论、生态理论、模因理论和顺应理论的相关理论支撑。

一、关联翻译理论与口译交际

（一）关联翻译理论概述

1. 关联翻译理论

关联理论是 20 世纪 80 年代初由学者斯珀波（D. Sperber）和威尔逊（D. Wilson）共同提出的。关联理论主要论述了关联与人类认知之间的关系并得出以下结论：关联是人类认知的前提与基础，人类的认知以关联为方向和目标。到底什么是"关联"呢？威尔逊认为，关联是一种关系，是语言命题和同一系列语境假设之间的关系。一个假设在语境中是否具有关联性取决于这个假设是否具有语境效果。在翻译这一交际行为活动中，译者翻译的最终目标是在源语言和目的语之间建立起最佳关联，只有这样译者才能理解源语言所要表达的信息并将源语言作者的意图转达给目的语读者。

关联翻译理论的概念是 20 世纪 90 年代初由学者格特（Ernst-August Gutt）首次提出的，威尔逊与格特是师生关系，格特相当于继承并发展了老师威尔逊的关联理论。格特将"翻译"定义为一种语言之间的交际行为，这一交际行为由原作者和口译员两人共同完成，同时交际行为过程涉及不同语言之间明示—推理的解释和阐述。解释和阐述的行为活动又包括两个过程。

在第一个过程中，译者是听话人，原作者作为讲话人向译者传递自己的讲话信息和意图，译者根据交际环境和上下文环境，利用关联原则进行信息的认知和推理。这一过程结束后，译者的身份也发生了改变，成为了讲话人，从而进入了第二个过程。第二个过程也是明示—推理的过程，译者在这一过程中根据自己对源语篇章和讲话者交际意图的理解，向听者传递着交际信息和意图。

关联翻译理论指出，口译的过程是由两个或两个以上交际方共同参与的交际过程，在这个交际过程中，口译员需要不断地认知自己获得的交际信息并推理说话人的交际意图。在这一交际活动中，口译员既是听话人，又是说话人。对语境假设的准确判断和选择是口译员开展口译行为的必要条件，相关口译行为包括正确地认知话语信息、理解话语信息和重新建构目的语表达。为了得到令人满意的语境效果，口译员还需充分利用认知语境中的各种语言、文化、交际知识，理解源语信息并找到源语信息与语境假设之间的最佳联系。

2. 明示—推理交际模式

明示—推理交际模式是关联翻译理论提出的有关翻译过程的代表性模式。顾名思义，这个模式主要有两部分组成，即代表明示行为的代码模式和根据明示行为进行推理的推理模式。明示行为的主要作用是提供两种供口译员理解源语言含义的信息，这两种信息一种是存在于表面的能被明确指出的信息，第二种信息是基于第一种信息，意在指明第一种信息的信息。根据明示行为提供的信息，代码模式能够对源语言信息进行解码和编码；同时推理模式展开推理的过程，将代码模式解码的结论和具体的交际语境相结合，从而推理出讲话者的发言意图。

在口译交际过程中，讲话者、口译员、听话者三者之间，每两人之间就存在一个语内或语际间的明示—推理过程。口译员在这个交际的过程中，既是双方交流的媒介，也是明示—推理过程的特殊实践者，决定了双方交际能否顺利开展。

关联理论认为，源语发出者的明示行为之后有两种意图，即信息意图（informative intention）和交际意图（communicative intention）。信息意图是话语的字面意义，交际意图是字面意义背后隐藏的话语的真正含义。口译员在口译过程中通常是先通过解码获取信息意图，然后结合自身的认知和判断推理讲话者的交际意图，最后根据听者的认知语境，结合翻译技巧，采用有最佳关联性的目的语表达讲话者的意图。这就要求口译员不仅要精通源语言和目的语，掌握翻译技巧，还要学习两种语言文化中的文化常识和交际知识，以减少因不同文化的冲撞而造成的语言转换和表达上的障碍。

3. 口译的最佳关联性

所有的明示交际行为，都要确保自身的最大关联，这就是最佳关联原则。话语交际要达到最佳关联需要两个必不可少的条件：①话语的语境效果足够引起听者的注意；②听者为了语境效果付出了自己的努力。

也就是说，话语交际关联性的强弱，受语境效果和理解话语时所付出的努力这两个因素影响。在其他条件固定的情况下，语境效果越好，推理时付出的努力就越小，关联性就越强；相反则推理时付出的努力就越多，关联性就越弱。

口译工作的成功与否受口译员最佳关联转换能力的影响较大，有时这种能力甚至起决定性作用。口译员在口译过程的两轮交际中分别扮演受众和交际者两个角色。在当受众时，其在接收到的新信息知识和已掌握的旧信息知识之间寻找最佳关联，创建最好的语境效果，这样在推理时就不用付出太多的努力。在扮演交际者角色时，其依据目的语听者的认知能力和认知环境，达到最佳关联，保证目的语听众获得足够的语境效果，自己也不用付出额外的努力。

（二）关联翻译理论下的口译交际

在关联理论和关联翻译理论的视角下，口译是一种明示—推理的交际过程或行为。在这个过程中，讲话者、听者和口译员三人之间存在两种交际关系。一种是直接交际，即没有语言交际障碍的讲话者／听者和口译员之间的交际；第二种是间接交际，即有语言交际障碍的讲话者和听者之间的交际。显而易见的是，在第二种交际中，讲话者和听者需要依靠口译员的语言翻译支持才能开展交际行为，这也是口译的交际维所体现的特点。依据关联翻译理论，可得出相关的翻译策略，如语义关联翻译法、语法关联翻译法、文化关联翻译法等，这对于帮助译者实现讲话者与听者之间的跨文化交际很有帮助。下面以 2015 年习近平主席在西雅图出席第三届中美省州长论坛上的讲话口译为例分析说明：

原文：过去 30 多年，中美关系发展得益于两国地方和人民支持，未来仍然要依靠地方、造福地方。

译文：Over the past 30 plus years, the growth of our relations has been achieved with support of local governments and their people. Going forward, it will continue to draw strength from and deliver benefits to them.

分析：在这个口译任务中，口译员为了使译语符合目的语听者的习惯，将"中美关系发展得益于两国地方和人民支持"翻译为英语中的"the growth of our relations has been achieved with support of local governments and their people"。口译员在此采取的翻译方法是语法关联，符合目的语语法中句子习惯使用被动语态和同一句中适量使用谓语动词的习惯。

再以 2013 年 6 月 5 日习近平主席在墨西哥参议院的演讲《促进共同发展共创美好未来》为例，分析如下。

原文：中国古代思想家孔子说过："己所不欲，勿施于人。"

译文：The ancient Chinese thinker Confucius once said: "Do not do to others what you would not have them do to you."

分析："己所不欲，勿施于人。"引自孔子的《论语》，是具有中国特色的表达方式。在这句话中,"欲"和"施"是翻译的关键字,如果译者对这两个字的含义不清楚,文化内涵不清楚,就找不到合适的动词表达讲话者的信息意图,也不能准确地翻译这句话。这两种语言之间的文化差异是影响语言转换的重要因素,因此,口译员一定要注意日常的文化常识积累,这样在遇到文化类的翻译时才能游刃有余。

二、生态翻译理论与口译交际

(一)生态翻译理论概述

生态翻译理论又称"生态翻译学理论",是一门新兴的学科理论,涉及"生态学"和"翻译学"两门不同学科的交叉研究。生态翻译学就是从生态学的角度研究翻译问题,其发展过程体现的是翻译研究为生态利益服务。生态翻译学对翻译活动从一个更广阔的角度进行解析,提出了译者在翻译时需要考虑的"三维问题",即语言维、交际维和文化维,如图 5-1 所示。同时强调了适应和选择式的方法策略有指导和借鉴的作用。

图 5-1 生态翻译理论的"三维问题"

翻译是一种语言与另一种语言之间的意义转换行为,而语言和文化一样,都产生于人类的长期活动,人类又是自然界的组成部分。也可以这么说,人类作为自然界的高等生物,具有非凡的智慧,他们通过长期的活动创造了不同的文明与文化,这些文明和文化在语言的帮助作用下进行广泛传播,不同语言和文化之间的交流必须依靠翻译才能顺利进行。这就是生态口译诞生的过程。生态翻译学产生和发展的哲学指导来源于中国传统文化价值观中的整体观、综合观和有机观,这些哲学理论转向拓宽了翻译研究的视野和思路，使人们开始学会从翻译生态学的角度解释和开展翻译活动，生态翻译学的研究路径和方法在这种条件下逐步形成。

　　生态翻译学采用的是综合论证和分析论证相结合的研究方法，将达尔文生物进化论中的"适应"与"选择"学说引入翻译研究，认为翻译的过程是译者占主导地位的，是译者不断适应与选择的循环往复的过程。翻译应以译者为中心，翻译的好坏、翻译作品能否得到世人认可并长期存在都与译者的素质紧密相关。生态翻译学理论的三个重要的概念如图5-2所示。

翻译的原则

翻译的原则指的是译者在翻译时，原则上在翻译生态环境的不同层面上寻求多维度的适应，并依此进行适应性的选择转换。

翻译的方法

翻译的方法就是"三维"之间的转换，在"多维适应与适应性选择"的原则之下，比较集中于语言维、文化维和交际维的适应性转换。

翻译评价的标准

翻译评价的标准有三个参考指标，分别是多维转换程度、读者反馈以及译者素质。

图 5-2　生态翻译学理论的三个重要概念

（二）生态翻译理论下的口译发展

　　生态翻译学理论正在被广泛应用到各类口译研究与实践中，其中口译实践的成功关键在于生态翻译学重视整个翻译生态系统的完整性，在于创建了科学合理的口译模式。除此之外，口译理论、原则及内容的构建过程也可以用生态翻译学的理论加以说明。从生态翻译论视角解释口译活动，有两个重要作用：一是可以促进口译员的内省与进步，二是可以推动建立科学完善的口译训练模式。

　　口译环境原本复杂多变，这往往是因为源语言和目的语双方的语音、语调、语速等无法统一标准。和谐统一的口译生态环境的建立需要口译员具备良好的适应力、协调力和改变口译生态环境的能力，这种能力的形成有两方面的原因：一是客观原因，口译生态环境的需求在潜移默化中帮助口译员塑造这种能力；二是主观原因，仿真性的口译技能的训练能使口译员了解自身所处的生态环境，进而设置口译生态和谐化的目标。

随着市场经济的发展，口译服务日渐向着职业化、市场化方向发展，对译者的要求也越来越高。译者除要具备扎实的语言基础知识、超强的记忆力和敏捷的思维能力外，还要培养自身的跨文化交际意识和对文化差异的敏感度，认识到自己民族文化与其他民族文化之间的关联与生存关系，以及不同的生态环境下源语言与目的语所呈现的世界与文化内涵，促进信息的传播，加强整体意识的培养和对不同文化的理解，从而和谐、畅通地开展交际活动。

根据胡庚申提出的生态翻译理论，口译员在翻译过程中需要考虑文化因素对翻译效果的影响。[①] 译者首先要适应并了解源语言文化因素，如源语言中的一些固定表达（俗语谚语等），在了解了这些语言表达的真正意义之后，再根据对目的语文化因素的了解，选择相对应的目的语，用符合目的语语言表达习惯的方式将这些内容翻译出来，实现口译的适应 /选择过程，如图 5-3 所示。

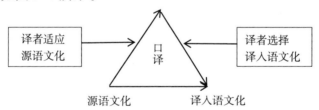

图 5-3　口译的译者适应 / 选择过程

三、模因翻译理论与口译交际

（一）模因翻译理论概述

1. 模因论的概念

模因论是基于达尔文的进化论观点来解释文化演变和传播规律的一

---

① 赵硕 . 现代口译理论与实践 [M]. 北京：光明日报出版社，2017：167.

种新型理论。模因最初被定义为人类文化的基本单位，其传播方式为复制和模仿。在随后的发展历程中，模因被看作人在大脑中所存储记忆的信息单位，是存在于人脑的复制因子。模因靠复制而生存，有正误、利弊之分。

2.模因翻译理论的产生

切斯特曼（Chesterman）和汉斯（Hans J. Vermeer）最早将模因引入翻译理论研究。其中，切斯特曼的研究影响深远。切斯特曼提出了翻译模因（translation memes）的概念，指出翻译模因是有关翻译本身以及翻译理论的概念或观点的统称，例如翻译的规范、策略、价值观念等。他还提出了"翻译是模因的生存机器"观点。2006年陈琳霞和何自然指出语言本身就是一种模因。[①] 模因以语言为载体在同一语言中传播，如果要进行跨文化传播就需要翻译。因此模因、语言、文化与翻译都是密切相关的。而模因翻译论就是从模因复制、模因模仿的角度解释口译现象的。

（二）模因视角下的口译发展

口译的过程实质是一种动态的交际行为或活动，口译的过程可以分为五个阶段，即接收源语信息、解码源语信息、记录关键信息、重组信息逻辑以及表达信息，这与模因传播的生命周期相似。

在用模因翻译理论具体分析口译的过程中，可以发现口译是译者向听者复制并传播文化模因和语言模因的过程。源语文本的输出者是语言模因和文化模因的宿主，源语文本承载着语言模因和文化模因，传达着输出者的思想。译者是特殊的宿主，他携带有两种乃至两种以上的语言和文化模因，并能对源语模因进行解码、记忆、表达和传播。

在口译的过程中，译者利用模因同化，记忆源语文本中的模因，通过目的语将源语文本中的模因表达出来，然后再以译文的形式传递给目的语听众，至此完成口译模因的复制与传递。目的语听众接收、理解译文后，同化源语语言和文化模因，对源语模因产生记忆后再将模因表达出来，完成源语中的模因向目的语模因的进化。

---

① 陈琳霞，何自然 . 语言模因现象探析 [J]. 外语教学与研究，2006（02）：108-114+160.

口译过程中，模因是如何形成的？答案是，语言中的字、词、句、段、篇章，只要通过模仿被复制，就能成为模因。在口译过程中，语言模因的成功复制需要经历四个阶段，即同化阶段、记忆阶段、表达阶段和传播阶段。不同的阶段有不同的特点：

同化阶段：有效的语言模因对听者产生影响，译者要注意接收、理解并接受。

记忆阶段：模因在人的大脑中停留，停留的时间越长，听者受到影响和同化的机会越大。

表达阶段：模因由记忆模式转变为听者可以接受的语言或行为模式，再由译者表达出来；常用的表达方式有话语、文本、图片、行为等。

传播阶段：传播需要的物质载体或媒介具有较强的稳定性，能确保转移的表达不会被扭曲或者变形。

这四个阶段形成一个周期，体现在整个口译过程中的模因传播，如图 5-4 所示：

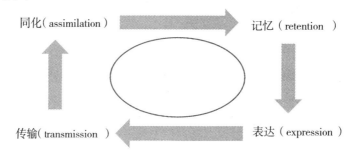

图 5-4　模因口译的四个阶段过程

译者在口译过程中可能经常会出现停滞、漏译等翻译问题，模因论的信息复制和传播过程的特征能分析产生上述问题的原因，从而帮助译者提高口译质量。

四、顺应理论与口译交际

（一）顺应理论概述

1.顺应论的提出

1999 年，比利时国际语用学学会秘书长维索尔伦（Jef Verschueren）在其著作《语用学新解》中首次提出顺应理论（theory of adaptation）的概念。他认为语言的使用对话语意义的研究需要与认知、文化和社会等因素相结合。人类参与的社会活动如社会交际活动，主要依赖语言的使用才得以进行。语言的使用是一个语言选择的过程，语言的选择有以下特点：

①发生在语言结构的各个层面；②涉及语言的种类，言语的体裁、风格和语用策略四个方面的内容；③发生在话语的产生和理解过程中，在交际活动中，交际双方都要做出语言选择；④语言交际行为只要一开始，参加交际活动的语言使用者就必须做出语言选择，不管他的选项能否满足交际的需求，达到交际的目的；⑤不对等性，发生在选择主体和客体时；⑥由于言语意义的生成对语言项目做出的选择要同时考虑上下文的语境和更大的语境范畴，如交际语境。

语言离不开人的使用，语言只在使用中存在。语言的选择在语言的众多层面上进行，语言的顺应与语言选择关系密切。选择与顺应是相辅相成、辩证统一的关系。选择是方法、是手段，顺应是目的、是结果。人类之所以能在语言使用的过程中做出各种合理的选择，是因为语言的三个特性，即可变性、商讨性和顺应性，如图 5-5 所示。

可变性

可变性是指语言的使用者在表达某种特定信息时可以自由选择各种表达方式。

商讨性

商讨性是指语言的选择是在极为灵活的原则和策略的基础上开展的，不是机械地依据特定的规则或严格按照形式功能的关系进行的。

顺应性

顺应性是指语言使用者能从可供选择的项目中做出商讨性的选择，以尽量满足交际的需要。

图 5-5　语言的三个特性

语言的可变性和商讨性为语言的顺应提供条件、创造机会，顺应性体现在可变性和商讨性之中。

2.顺应论下的语境观

顺应理论认为，交际语境由物质世界、社交世界和心理世界三部分组成，这三部分在语境动态发展的过程中相互影响、密不可分。由于口译活动特殊的语境环境，口译员应充分理解这三部分的因素构成，继而采取顺应策略做出恰当的语言选择，从而实现语境顺应交际，达到交际的目的。根据顺应论和语境的分类，我们从语境中三个方向的顺应讨论语言的交际过程。这三个方向分别是语言语境（linguistic context），情景语境（situational context）和文化语境（cultural context）。接下来介绍一下这三个语境的定义：

（1）语言语境。也称上下文语境，是指语言符号与符号之间的关系以及所有符号对参与者所产生的影响（包括上下文中词、短语、句子、语段、语篇等各个层次）。

（2）情景语境。指语篇产生时的交际性质、周围情况、交际参与者之间的关系、交际发生的时间、地点、方式等。口译活动的开展与交际双方所处的环境关系密切，如发言人的身份地位、面部表情、动作姿势、听者的反应等。

（3）文化语境。指每一种语言都有自己特定的言语群体社团。这个言语社团经过长期的发展拥有了这个团体的历史、文化、人情、风俗、社会习俗和价值标准。尤其在文化交流性很强的跨文化口译活动中，交际方喜欢使用带有鲜明文化特色的熟语、习语、成语等表达自己想要传递的价值、情感，达到言简意赅的交际目的。

（二）顺应论与口译

顺应口译论是在顺应理论的基础上，分析口译活动的动态过程。根据维索尔伦对语言的顺应研究，语言的顺应分为四个维度，如图5-6所示。

图 5-6　语言顺应研究的四个维度

其中语境因素的顺应和语言结构的顺应是动态中的语言顺应能够顺利进行的基础，动态中的语言顺应是语境因素的顺应和语言结构的顺应的体现。

在口译的过程中，口译员所处的语境是动态的语境。动态的语境是动态生成的、发展的各种成分的有机体。口译员所处的动态语境包括语言语境和交际语境。交际者双方处于交际环境的核心位置，是话语的产出者和接收者。口译员在口译的过程中应时刻注意语言语境和交际语境三大要素的交叉影响，并学会适应不同的交际环境、交际目的和交际对象，主动顺应交际双方的文化背景和文化、心理、表达等方面的差异，为做出恰当的语言选择做准备。口译的过程是口译员在语境因素顺应和语言结构顺应基础上动态顺应的一个过程。动态顺应是指交际双方随着所处语境关系的变化，与结构客体中的各个层次结合在一起，从而在动态中发挥了交际者语言选择过程中的顺应作用。在这一过程中，口译员的意识凸显程度贯穿全程，起着引导和制约的作用。口译语境中的动态顺应模式如图 5-7 所示。

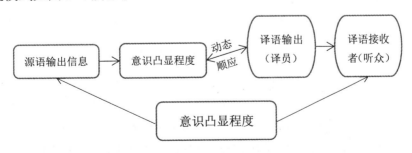

图 5-7　口译语境的动态顺应模式

顺应理论独具特色的创新精神重新定位了语用学的概念。它将语用学作为一个新的角度来解读口译的交互性。此外，顺应论提出的语境与语言选择相互影响的观点也为口译研究打开了全新的视角。

第二节 中国文化特色词口译原则

中国文化特色词的口译属于文化翻译大类，因此首先应遵循文化对等的翻译原则。中国文化特色词代表了中国特色的民族文化风貌，对中国文化特色词进行翻译乃至口译的根本目的是维护中华民族的民族地位，以及发展汉语言和中国文化，这也是促进世界语言文化多元化的需要。具体来讲，中国文化特色词口译的原则包括以下几个方面：

一、跨文化交际原则

（一）尊重文化原则

因为翻译是一个语言和文化之间传播与交流的过程，因此，在具体的操作过程中需要遵循跨文化交际的原则。中国文化特色词翻译作为全球化语境下的跨文化翻译，应当把尊重文化作为首要的翻译原则。

针对中国文化特色词翻译来说，口译员要承认汉语中的文化价值并尊重中华文化的特色，要有文化自信，同时不能有轻视目的语文化的想法，不能因任何一种语言文化处于劣势而试图取而代之。每种语言都有其存在的原因和不同的表达方式，每种文化的诞生和发展都有其独特的魅力。口译员要把分享和传递原文的文化意象和文化特色看作翻译的重要职责，并相信听众有理解、欣赏和接受中国文化的能力。

（二）突破语言的界限

在跨文化交际的过程中，口译员需要不断突破语言之间的界限，展现不同国家、不同民族的文化特点。口译员在日常的学习训练过程中应注意总结不同语言的特点，了解不同文化的特色与内涵，从而在口译实践中扩大自身的视角，为交际双方打造出多元文化顺畅交流的环境。

二、文化再现原则

在全球一体化和文化多元化发展的今天，翻译帮助跨文化交流的角色逐渐得到了更多人的认可。翻译的性质与翻译的任务决定了翻译的过程实质上是文化再现的过程，因此，中国文化特色词翻译需要特别遵循文化再现的原则。具体而言，文化再现能够使译语再现汉语言文化的特色与内涵，例如：

俗语：人怕出名猪怕壮。

> 译文一：Bad for a man to be famed; bad　for a pig to grow fat.
> 译文二：Fattest pigs make the choicest bacon; famous men are for the taking.

"人怕出名猪怕壮"来源于中国传统的语言表达形式——俗语，体现了中国文化的特色，具有十分丰富的文化内涵，在英语中没有与之相匹配的表达形式。这句俗语的内涵是人一旦出名就会面临意想不到的困难和挑战，可能出名之后的日子还不如没出名之前过得幸福，这种局面就像猪长大长胖之后就会被人惦记是否到了该宰杀的时候，最终难逃一死。译文一考虑到原文的文化内涵，将其引申的含义表达得活灵活现。译文二则采用了创译的翻译形式，和原文在表达与情感色彩方面存在一定的差异。

三、循序渐进原则

任何文化的传播与接受都需要经历一个漫长的过程，因此，中国文化特色词的翻译需要讲究循序渐进原则。这个原则要求口译员要考虑听众的心理和对中国文化的了解和接受程度，不能生硬翻译，要在尊重目的语文化、认知不同文化差异的基础上，有意识地介绍和弘扬中国优秀传统文化。在口译实践的过程中，口译员要不断地提高自身的翻译能力和文化敏感度，在潜移默化中开展文化的输出与沟通。

四、忠实大于创造原则

在中国文化特色词的翻译过程中，口译员应做到尊重中国文化。尊重一种语言和文化的重要表现之一，就是在翻译的过程中尽量做到忠实，不随意对词语或短语进行删减甚至修改。需要注意的是，此处的忠实原则不是绝对的忠实，因为绝对的忠实是不存在的，坚持绝对化的忠实只能造成"死译"，这也不是翻译的最终目标。所谓忠实，指的是对原词语或短语的语义、意义等表层内容以及文化含义等深层内容进行如实、准确的传达，而不是刻意追求二者在表达方式上的完全一致。

在针对文化特色词的翻译活动中，由于汉语和英语在语言和语言文化上的差异，"概念空缺""文化空缺"的现象是经常存在的，因此口译员不能拘泥于绝对的忠实，要在理解正确的基础上对源语言进行一定程度上的创造。尤其对于一些诗词歌赋的翻译来说，对源语文本的创造还属于汉语审美价值的体现，最重要的是要展现汉语语言的精髓。此处需要强调的是，这种创造是基于文化特色词的基本词义和文化内涵的，不能是随意地空想或者毫无关联地扭曲事实。

五、内容大于形式原则

内容大于形式原则也可以称为"内容第一、形式第二"原则。此处文化特色词的内容指的是文化特色词的词义、情感意义乃至文化内涵，文化特色词的形式指的是词语在表达内容、内涵意义时使用的语言外壳，如该词语或短语采取了什么样的修辞手法、使用了什么样的题材等。

具体分析，在文化特色词翻译的过程中，口译员应该把对词语内容的准确把控和精准传递放在翻译任务的首位。与此同时，尽量保留词语的文本形式，这样才能最好地将词语的文化特色传递出来。还有一种情况，就是如果想要保留词语原来的表达方式就会造成词语内容的变更，那么口译员应当毫不犹豫地放弃原来的表达方式，选择以内容为主的翻译形式。形式的存在是为内容服务的，如果内容因为形式而改变，形式就失去了存在的意义，即使形式再完美，也不符合翻译的目的。例如：

谚语：失之东隅，收之桑榆。

译文一：Lose where the sun rises and gain where the sun sets.
译文二：What one loses on the swings one gets back on the roundabouts.
译文三：What we lose in hake we shall have in herring.

"失之东隅，收之桑榆"是一个典型的汉语谚语，原指在某处先有所失，在另一处终有所得，后用来比喻开始在这一方面失败了，最后在另一方面取得胜利。以上几个译文翻译遵守了"内容第一，形式第二"的原则，把谚语的内容含义准确地表达了出来，传播了中国的文化。

第三节　释意理论下中国文化特色词口译具体策略

释意理论作为翻译理论和口译研究的重要组成部分，受到了众多学者的关注，随着研究的深入，释意理论在指导口译实践策略方面做出了突出的贡献。翻译有着对语言文化进行再创造的功能，释意理论强调的是对源语意义的理解和转述。由于口译工作的特殊性，口译员需要让听者接收到的信息含义符合讲话人的交际目的，使交际信息实现意义上的对等。

从文化传播的角度解析，中国文化十分独特，体现在语言表达上就是简短精练的语言承载着大量的文化信息，中国文化特色词就是一个特别好的例子。口译员在开展口译活动时必须理解并解释词语中包含的文化信息。在具体的操作过程中，口译员需要考虑中西方在语言表达方式、思维习惯和文化内涵上的差异，在不同的交际场合根据释意理论的指导选择恰当的方法策略进行翻译，从而尽量满足交际双方的需求。据本书研究，释意理论下中国文化特色词的口译策略可分为七种，如图5-8所示。

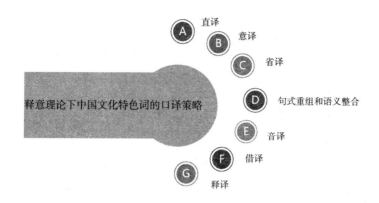

图 5-8　释意理论下中国文化特色词的口译策略

一、直译法

直译是一种较为通用的翻译策略，指的是将源语言的语义和语法结构转换为最接近的目的语的过程。直译把译入语的形式和意义视为重要的翻译影响因素，是口译中相对简单且最常用的策略。直译法与其他翻译策略相比，优点还是比较明显的，它不需要口译员花费太多的时间思考，降低了口译员工作时的压力。除此之外，直译还是保留文化特色词语体风格的一种方式，有利于听者更好地接触和了解中国文化。例如：

原文 1：杀鸡取卵、竭泽而渔式的发展是不会长久的。

原文 2：众人拾柴火焰高。中国愿意同各国共同发展，共同繁荣。

译文1: Killing the hen to get eggs or draining the pond to catch fish　is no formula for sustainable development.

译文2: As we in China like to say, many people adding fuel to the bonfire will raise its flame…

从上述译文中可以看出，把文化特色词"杀鸡取卵""竭泽而渔"直译成英文是外国听者可以理解的文化范畴，而"篝火""燃料"更是十分常见的文化意象，翻译成英文也清晰易懂，体现了汉语表达生动、形象的特点。

原文 3：让每个干部和领导者懂得"水能载舟，亦能覆舟"。

原文 4：但凡事不患难，但患无备。所谓磨好了斧子才能劈开柴。

译文 3：Every cadre and leading official should know that " while water can carry a boat, it can also overturn it " .

译文 4：But the thing we have to fear is not the difficulty itself, but lack of preparedness, just as only a sharpened ax can cut through firewood   .

　　分析第三个例子，"水能载舟，亦能覆舟"原本论述的是古代的君王与大臣之间的关系，在这里用来喻指人民群众和干部、领导的关系。口译员在此处没有省略原文中的"水""舟"文化意象，也没有按照其潜在的比喻义来翻译，而是直接将这个短语表面的含义翻译了出来。这种方式既保留了词语的语言意义，也体现了词语的文化特征。听者结合上下文语境就能正确理解讲话者的意图。

　　在第四个例子中，"磨好了斧子才能劈开柴"是文化特色词中的一个俗语，出自人民群众的日常劳动生活，十分接地气，此处口译员并没有对"斧子"和"柴"的内在含义进行解释，采用直译法表达生动简洁，加上良好的语境环境帮助听者理解词语的文化内涵，不用再增添任何文字。

二、意译法

　　在口译交际活动中，目的语听众往往不太了解汉语语言和中国文化，在这种情况下对有些文化特色词采取直译的方法容易让听者难以理解甚至产生误解，影响交际的效果。释意理论提出，口译员应该把翻译源语信息的意义作为首要的翻译目的，如果直译的效果不够理想，同时找不到目的语文化中对应的文化特色词，就要采取传达词语蕴含的具体意义的翻译策略。这个方法的缺点就是可能会造成文化特色词承载的文化内涵的缺失，但在时间紧张任务重的口译活动中，口译员必须把意义的传达和交流的有效性放在首位。例如：

　　原文 1：时间有限，我们单刀直入，我愿意回答记者朋友们提出的问题。

原文 2：关于区域的自由贸易安排，涉及中国的，有条件的，我们持开放态度，愿意去进行推动。我们不会越俎代庖，不会超越区域去做不应是中国做的事情。

译文 1：Since we have limited time, I invite you to be direct with your questions .

译文 2：With regard to the arrangement on regional free trade, as long as China is involved and has the conditions to participate, we will assume an open attitude to promote it. We won't meddle in others' affairs . We won't go beyond China's regional scope to d o things we shouldn 't.

在原文 1 中，"单刀直入"是中国传统武术中的一个动作描述，比喻谈话时不拐弯抹角，直截了当，具有浓厚的民族文化特色。在这句话中，"单刀直入"表示希望记者们直接问问题，免去不必要的寒暄，节省时间。如果采用直译法可能不好被听者理解。采用意译的翻译策略，译为"be direct with your questions"，虽然译语失去了文化色彩，但文化特色词的比喻意义得以体现。

原文 2 中的"越俎代庖"原来是一个汉语成语，意指担任主祭工作的人代替厨师下厨，后用来比喻超越自己本身的职责，代人做事。对于不熟悉这个成语典故的目的语听众来说，直接翻译词语的字面意思很难使其理解讲话者想表达什么。译者运用意译的方法将其翻译为"meddle in others' affairs"，保证了该成语意义的准确传递。

三、省译法

省译法也是在口译过程中经常使用的一种策略，具体的操作方法就是删除或省略一些不必要的语言单位，这些语言单位的作用往往是使表达更有趣味，并不包括对意义的传达。省略法从根本上来说是为了避免表达内容重复、信息冗余，是为了使译文更加简明扼要。选择省译策略，也可以降低口译员的翻译压力，帮助口译员节省精力。

根据释意理论提出的口译过程"理解—脱离源语语言外壳—再表达"，口译员在充分理解讲话者的意图之后，为了使译文简洁明了，容易被听者接受，可以选择省译的翻译策略，改变源语的语言表达形式和内容，表达源语的篇章意义，即在完整保留源语的篇章意义前提下适当删减原文部分内容。例如：

原文1：轻装上阵。

原文2：我的想法是，为了推动中墨关系加快发展，必须趁热打铁、乘势而上。

译文1：make things easier for businesses to enhance 　their competitiveness.
译文2：I think it is important that we 　build on the positive momentum 　 to boost the growth of China 　–Mexico relations.

原文1中的"轻装上阵"出自2017年总理记者招待会中关于简政放权的具体措施。李克强总理表示希望企业能够"轻装上阵"，提高竞争力。"轻装上阵"的原意是古代上战场作战时不披盔甲，此处的含义是希望企业摆脱负担，向前迈进。因为在之前的讲话中总理已经强调政府帮助企业发展的措施是降低收费和一般性支出，所以此处口译员就不需要再指出这里的负担是什么，此时采用省译的翻译策略将这句话翻译为"让企业的竞争变得更加容易"是合适的。

原文2中的"趁热打铁""乘势而上"属于近义词，都是含有中国文化特色的成语表达，"趁热打铁"的本意是就着铁烧红的时候锻打，比喻抓紧时机，加速进行；"乘势而上"指利用有利的形势而加紧完成某事。这两个词属于信息上的重复表达，原文用在一起是为了强调中国和墨西哥的合作关系应该抓紧时机，加快进行。这体现了汉语重表达气势的特点。此处选择省略译法是考虑到英语表达注重简洁的区别特点，也体现了翻译的忠实原则。

四、句式重组和语义整合

（一）句式重组法

句式重组法，顾名思义，是要通过两种语言间句式的转换达到翻译效果的方法。归根结底都是为了更好地传达原文的意义，使译语更符合英文的表达习惯。具体分析，汉语表达讲究意合，句式结构比较复杂；英语表达讲究形合，强调展现语言之间的逻辑关系。通过使用句式重组的策略，口译员就能实现由复杂到简洁，由隐晦到直接的转变。例如：

原文 1："远亲不如近邻。"这是中国人很早就认识到的一个朴素的生活道理。

> 译文 1："Close neighbors are better that distant relatives." This is a simple trut that the Chinese people got to know in ancient times.

"远亲不如近邻"是汉语中一个典型的俗语，这个短语的意思是当某人遇到紧急情况需要救援帮助时，远道的亲戚可能还不如近处的邻居能及时地给予帮助。词语的重点在于"近邻"二字。口译员将其作为主语表达，更符合英语句式中"重点信息作主语"的表达习惯，也能更好地传递讲话人的用意。

（二）语义整合法

正如上文所言，汉语注重意合，因而结构比较零散，这个特征在口语中更为突出；口语化表达结构零散的特点直接导致了表达意义的零散。对此，口译员在准确理解讲话者意思的基础上，可以选择语义整合的翻译策略，把源语中口语化、碎片化的意义进行语义的整合和加工，使译语内在的逻辑更加顺畅，结构更加清晰。例如：

原文 2：喊破嗓子不如甩开膀子。

> 译文 2：Talking the talk is not as good as walking the walk.

这个短语同样来自 2017 的总理记者招待会，讲的是有关简政放权的政策实施。口译员巧妙地使用了"talk"和"walk"两个同源宾语，把"说"和"做"两个关系密切的语义整合成了一个完整的语义，既表达了篇章的意义，又体现了源语的动词特征，完美地展现了源语的含义和情感内涵。

五、音译法

翻译中国文化特色词的根本目的是传播中国文化，采用音译法对文化特色词进行翻译，能最大程度地把中国文化中的语言特点和文化特色保留下来，也能给听者留下深刻的印象。音译法是指用汉语拼音对源语里的各种词汇予以标注。例如：

原文1：这些印有福娃的邮票非常有纪念意义。

译文1：The stamps p rinted with <u>Fuwa</u> are commemorative.

北京奥运会的吉祥物"福娃"最早的翻译其实是"Friendlies"，这个翻译在当时受到了大家的质疑，因为关于福娃的文化特色完全被磨灭了，也无法体现中国语言的文化内涵。而吉祥物的一个很重要的功能就是要体现奥运会主办国的国家及民族特色，因此这个翻译没有得到奥委会的认可。为了体现中国的文化特点和民族特色，最后采用了"Fuwa"这个翻译方案。又比如：

原文2：作为传统文化的一个组成部分，太极拳与哲学、医学、兵学、美学等有着密不可分的联系。

译文2：As a part of the traditional culture, <u>Taijiquan</u> is closely related to philosophy, medicine, military tactics, aesthetics, etc.

太极拳作为中国传统武术的重要组成部分，逐渐受到了众多国外友人的关注和喜爱。太极拳曾经翻译为"Shadow boxing"，这个名字对于外国友人对太极拳的理解有很大的误导作用。如今，"Taijiquan"这个名称已得到了国外友人的普遍认可，因为这个词语很有中国文化的特色。汉语拼音这种翻译方式除能传播中国文化外，还丰富了英语的语言词汇系统，具有时代感强、内容新颖等诸多优点，值得翻译界的支持和推广。

六、借译法

借译法是指选取目的语中和源语表达字面意义不同、语用意义相同的说法替换源语中的文化特色词。采取这种方法是因为英语和汉语中存在这些意义相近或相同的词语或短语。这种现成的译法表达地道、能快速被外国听者理解。同时该策略可以提高交际双方的效率，节省口译员的精力。如果没有现成的译法，在合理的条件下套用英语中某些短语的表达句式也是可行的。例如：

原文 1：当前改革需要解决的问题都格外艰巨，都是难啃的硬骨头。

译文 1：The problems we face in the current phase of reform are especially difficult. They are <u>hard nuts to crack</u>, so to speak.

在这个例子中，"hard nuts to crack"是非常地道的英语习语，表示"棘手的问题，不好解决的问题"，正好对应"硬骨头"这一汉语俗语。

原文 2：关起门来以邻为壑，解决不了问题。

译文 2：The closed door and <u>beggar‑thy‑neighbor policies</u> cannot resolve problems.

原文 2 中的"以邻为壑"出自《孟子》的"是故禹以四海为壑。今吾子以邻国为壑"，"壑"的意思是深谷、深沟，整个成语字面的意思是当洪水灾害来临时，把邻国上好的田地当作排水的沟坑，把本国的洪水引到那里去；后比喻有些人为了自己的利益不顾他人的安危，把问题或者灾祸转移到别人那里。这里如果采用直译法就会比较费事且听者不容易理解。英文中的"beggar-thy-neighbor policy"指本国采取的政策行动尽管对本国经济很有好处，却损害了其他国家的经济利益。该短语的深层含义与"以邻为壑"十分类似，因此可以采用借译的方法代指其意。

七、释译法

释译法也可以称为"解释性翻译法"或者"增译补充法"，这是翻译时需要采用的最基本的策略之一。根据释意理论的概念，对源语的理解是翻译程序的第一个步骤，口译员在口译的过程中，是以源语为基础的，为了使听者能更好地理解目标语所要表达的含义乃至文化内涵，有时需要对源语的一些背景信息或其他不清楚的内容进行解释，如某些隐喻含义、缩略语、历史典故等。举例说明：

原文 1：也就是说"米袋子"省长负责制，"菜篮子"市长负责制，房价也由地方来负主要责任。

> 译文 1：That includes the governors of provinces will take the responsibility for the supply of stable foods and the mayors must be responsible for the supply of vegetables…

"米袋子"和"菜篮子"是中国的中央政府提出的惠民政策，极具文化特色和民俗气息，表达生动形象，深入人心。但国外的听者不一定能理解这样的指代词，也可能只理解字面的意思，即"装米的袋子"和"装菜的篮子"，因此需要口译员进行解释性翻译，翻译为主食类的食物供应和蔬菜类的食物供应。

原文 2：我们会始终高度重视"三农问题"，也会高度重视如何保护工人合法权益的问题。

> 译文 2：All in all, we will continue to give very high priority to all <u>issues related to agriculture, farmers and rural areas</u>. And we will also pay very high attention to protecting the lawful interests of workers.

"三农问题"一直是中国政府非常重视的问题，这一表述的内涵中国人也非常熟悉，但目的语听者可能由于不了解中国国情而不了解这个问题。"三农"中的"农"有三层含义，分别是"农业""农民""农村"，这三层含义无法用一个词概括，所以需要口译员用解释的方法说明这个文化特色词的含义所在。

第六章　释意理论下中国文化特色词口译方法应用

第一节　中国物质文化特色词译法

在本书第三章有关中国文化特色词的分类中曾讲到物质文化特色词是文化特色词中十分重要的一类，本节将根据释意理论的指导针对物质文化特色词的翻译方法进行具体分析论证。

上文曾提到过物质文化是指为满足人类的生存和发展需要所创造的物质产品及其所表现的文化，物质文化的具体内容包括饮食、服饰、建筑、交通等方面。由于篇幅有限，不能对所有分类的译法进行展开，本节特挑选了物质文化特色词中有代表性的三类文化词，即饮食类文化词、建筑类文化词及服饰类文化词，进行译法分析。

一、饮食类文化特色词

此处特别选用具有中国饮食文化特色的食物名称翻译方法进行分析。

（一）直译法

释意理论认为，要使翻译实现意义上的等值，首先要确定表达的内容，在表达内容确定后，再考虑使用具有创造性且符合译入语习惯的表达方式。对于中国饮食中内容比较简单的食物名称，通过直译的方法就能使听者了解其基本含义，例如：

饺子——dumpling

馒头——steamed bun

青稞酒——barley wine

烤乳猪——roast suckling pig

包子——steamed stuffed bun

酸汤鱼——fish in sour soup

荞麦饼——buckwheat pancake

吹猪肝——dried preserved liver

烤羊肉串——roasted mutton cubes

竹筒腊肉饭——steamed preserved pork in bamboo tube

（二）音译法 + 释译法

饮食文化中一些简单的主食还可以采用音译的方法用汉语拼音的表达方式体现饮食的特点，对于一些不太常见的主食可以结合释译法进行具体介绍。例如：

包子——Baozi

馒头——Mantou

馄饨——Wonton

汤圆——Tang Yuan

锅贴——Kuo Tieh

炒面——Chow Mein

东坡肉——Dongpo pork

北京烤鸭——Beijing roast duck

窝头——Wotou（Steamed Corn Bun）

（三）意译法

有一些中式菜肴的命名是为了表达吉祥的文化内涵，因此从字面意义上很难看出有关菜肴的内容信息。针对这类菜肴名称，口译员可以采

179

用意译法，将与菜肴相关的食材、酱料、烹饪方法等翻译出来，帮助听者理解菜肴的更多信息。例如：

发财好事——black moss cooked with oysters

咖喱鸡——chicken curry

金裹银——rice covered corn pudding

白汁鱼唇——fish lips in white sauce

鱼咬羊——stewed fish stuffed with lamb

菊花鸡丝——shredded chicken with scallion

其中"发财好事"这道菜本身是由发菜和蚝豉两种食材做成的，发菜谐音"发财"，蚝豉谐音"好事"，这两种食材的谐音连起来念有祈求"发财""生意兴隆"的美好寓意。但英文中没有这种表达，所以口译员选择把菜肴的原料翻译出来。

二、建筑类文化特色词

（一）音译法和释译法

在口译实践活动中，口译员对具有中国传统文化特色的建筑类词语经常采用音译法和释译法相结合的翻译策略。例如：

原文 1：首先，我将从"胡同"一词说起。专家认为，"胡同"这个词来源于蒙古语，意思是"井"。

> 译文 1：First of all, I would like to start with the term "Hutong", what does "Hutong" mean? According to experts, the word "Hutong" originated from Mongolian language meaning "Well".

释意理论认为口译是一种交际行为，口译时必须考虑交际环境对翻译效果的影响。在上述原文中，首先，将特色词"胡同"音译为"Hutong"，是考虑到交际环境中社会环境文化对翻译的影响。因为胡同是具有中国文化特色的建筑类别，尤其在中国的老北京特色文化中更是占有重要地位，这样翻译有助于听者了解胡同文化，给听者留下深刻印象。此外，"Hutong"只有两个音节，发音简单，也容易记忆。又比如：

原文 2：在胡同中我们只能看见四合院的大门。古时候的中国人不希望有陌生人来打扰，因此从大门的样子就可以看出主人的身份和地位。

译文 2：The gate building of each Siheyuan is the only thing that we can see along the Hutongs. Chinese people used to try to protect their privacy from being intruded by strangers. So the gate building, in old times, was a symbol to show the position of each house owner. You don't have to go inside the courtyard. Just look at the gate building, you can already tell whether it's an influential family or not.

在这段话中，四合院采用的翻译方法也是音译法，比较能体现中国建筑文化特色。译文 2 中的"protect their privacy"则属于口译员的解释性翻译，主要是为了帮助听者理解交际意义，实现口译员与听者的交际目的。此处的交际目的是使听者了解中国建筑文化。因此，口译员对中国人不希望被陌生人打扰的根本原因作出了解释。因为中国文化讲究内敛、含蓄，这种文化内涵在建筑上的体现就是高门大院，阻隔外界视线。且保护隐私的观念符合目的语听者的价值观念，能引起他们的文化共鸣，从而加深对这个房屋建筑的印象。

（二）借译中的类比法

上文曾介绍过借译法是指选取目的语中和源语表达字面意义不同、语用意义相同的说法替换源语中的文化特色词。根据此定义可以衍生出翻译中的类比法。类比法通常是用两种语言文化中概念相同或相近的两种表达方式进行对比，以帮助听者理解源语中的意义或情感。这与释意理论提出的"翻译的内容应是话语的意义"观点不谋而合，这一方法具体运用在口译过程的"理解"和"表达"阶段。例如：

原文 3：今天我们看到的大多数胡同是明清两代的产物，没有人能够确切说出北京有多少胡同。但有一点很清楚，如果将各个胡同连接起来，总长度超过著名的万里长城。说得更清楚些，相当于西雅图修一条高速公路直达波士顿，这可是横穿美国大陆啊。

译文 3：Most of today's Hutong were formed during the Ming and Qing Dynasties that followed. Nobody knows exactly how many Hutongs there are in nowadays Beijing. But one thing is for sure, if we connected all the Hutongs together, their total length would even be longer than the famous Great wall. Or to make it clear, it could build <u>a highway from Seattle to Boston</u>, all across America.

释意理论认为口译员除了要掌握语言类知识，还必须提前学习翻译篇章的主题知识和百科知识。像这段话的重点在描述北京的胡同之多，假设听者来自美国，以万里长城的总长度来描述胡同的总长度，大部分听者可能因不太了解长城的具体长度而无法获得直观的感受。为了使听者对胡同的总体长度有一个更直观的概念，口译员将西雅图到波士顿的距离作为比较，形象地描述了北京的胡同之多，也吸引了听者的兴趣。很显然使用这个方法的前提是口译员掌握了中西文化中的一些主题知识，才能在翻译中对语言文化的转换信手拈来，表述准确又生动。又比如：

原文 4：太和殿建在三层重叠的"工"字形须弥座上，离地 8 余米，下层台阶 21 级，中、上层各 9 级。

译文 4：The Hall of Harmony sits on a triple "H" shaped marble terrace. The marble terrace is 8 meters high and linked by staircases. The staircase on the ground floor has 21 steps while the middle and upper stairways each have 9 steps.

根据释意理论"理解—脱离源语语言外壳—重新表达"的口译程序，在对太和殿底座的描述中，口译员先根据汉字的特点对"工"字形有了正确的形象理解，再从"工"字的形象描述中脱离出来，从英语中找到了可以替换的大写字母"H"，进而对须弥座的外形进行了生动的阐释，使听者产生了文化共鸣。

（三）省译法

释意理论提出翻译的主要目的是解释意义，不是翻译源语语言外壳。

因此，口译员要根据实际情况对源语言进行删减，实现有效信息和意义的提取与传递。在面对不同语言的跨文化交际中，口译员一定要时刻考虑交际行为的目的，交际双方不是因为对对方的语言感兴趣才进行交流的，大多数情况下交际双方是想了解对方的文化。例如：

原文 5：例如这个门，又高又大，门檐有砖雕装饰。仔细看它的图案，李子花和竹子，这意味着这里的主人曾是侍奉皇帝左右的王公大臣。看旁边的门，有狮子的图案，这说明这里曾住着武官。

> 译文 5：Look at this one, the gate building is big and tall. The head and eave of the gate are well decorated with brick carvings. See the design? Plum blossoms and bamboos. It indicated that the original owner of this courtyard must have been an <u>official</u> serving in the emperor's court. But look at that one nest door, it has the lion design, because that owner used to be a military officer.

在这段文字的翻译中，口译员将"王公大臣"翻译为"official"是采用了省译的翻译策略。"王公大臣"单独使用可翻译为"the princes, dukes and ministers"，但大部分听者对中国官职文化中的"王公大臣"概念并不了解，因此，统称为"official"更能直观表现词语的主要文化含义，属于释意理论中脱离源语语言外壳步骤的操作。

三、服饰类文化特色词

（一）音译法／音译 + 直译法

在口译实践活动中，为了传达留我国传统服饰文化的内涵，经常使用音译法或音译 + 直译法的翻译方法。例如：

旗袍——Qipao

深衣——Shenyi

包头巾——Baotou head towels

三寸金莲——3-inch golden lotus shoes

（二）音译法＋释译法

在中国传统服饰文化中，有很多服饰种类或者元素是中华民族特有的，这些对于目的语听众来说是十分陌生的，对于这类文化特色词的翻译，最好是在音译的基础上再进行解释性的翻译，以便于听者的理解和把握。例如：

马面裙——Mamian skirt

> Mamian skirt: a long skirt pieced together by whole widths of satin, with a back and front embroidered on the flap and the skirt hem.

云肩——Yun-jian

> Yun-jian:a kind of shawl, a women's distinctive and decorative accessory wrapped around the shoulders, which is made of colored silk brocade and embroidered with four symmetrical and connected moire pattern.

口译员对"云肩"这一服饰文化特色词的补充解释能使听者对这一服饰品的材料、功能等特点有初步的了解。

又比如：

荷包——Hebao

> Cultural Connotations：
> （1）代表"三从四德"：wifely submission and virtue in Confucianism the three obedience (in ancient China a woman was required to obey her father before marriage, and her husband during married life and her sons in widow hood) and the four virtues （fidelity, physical charm, propriety in speech and efficiency in needle work）.
> （2）代表"定情信物"：a token of love for male and female.
> （3）代表"手工艺术"：the magnificent hand-made folk art.

以"荷包"为例，口译员在翻译时应根据交际语境，综合考虑目的语国家的风俗习惯、审美观念等，将这一服饰品的文化含义解释出来，达到口译交际的交流目的。

（三）省译法

由于中西方文化的差异，翻译中总会有一些内容受可译性限度的影响，不能完全翻译出原文化的内涵。此时我们应该先保证源语内容的意义传递。服饰文化特色词的省译法就是指在保证描述服饰文化特点的前提下舍弃文化特色词中一些不太重要的修饰性词语的翻译方法。例如，观音兜是旧式中国妇女常戴的一种风帽，可省译为"cape"，而用棠木制作的一种木屐——"沙棠屐"可省译为"patterns"等。

第二节　中国古诗词的译法

诗词翻译难度大，是国内外翻译界的共识。中国的古诗词具有种类丰富、言简意赅、文化内涵丰富、意境深远、讲究语言的韵律之美等特点，诗词中囊括的文化内容涉及人们生活的方方面面，如神话传说、历史故事、传统节日，时令节气，风俗习惯等等，带给人们美好的联想和对生活的向往。因此，中国人喜欢用古诗词阐述自己对事物的观点看法或表达自己的思想情感。在跨文化交际的实践活动中，古诗词的引用一般出现在两种场合，一种是外事会议上，另一种就是旅游的行程中。口译员可以根据不同场合和交际语境的特点灵活使用以下翻译方法。

一、直译法

中国语言文化博大精深，中国古诗词语言精练的特点是汉语语言文化的一大特色。诗人们在进行创作时对每一个字的选择使用都十分谨慎在意，诗词中令人印象深刻的意象，往往是由几个动词起着画龙点睛的作用。这些动词可能没有深刻的文化内涵，但能生动地展现原诗中的意象，口译员在向目的语听者翻译介绍这类动词时应主要采用直译法。请看下文示例：

原诗（节选）：

望洞庭湖赠张丞相

孟浩然

八月湖水平，

涵虚混太清。

气蒸云梦泽，

波撼岳阳城。

译作（节选）：

> To Prime Minister Zhang from the Bank of Dongting Lake
>
> Meng Haoran
>
> In the eighth moon the lake is full to the brim;
>
> The limpid vastness melts into Heaven's rim.
>
> While vapors all over Cloud Dream Marsh up roll,
>
> Bores roar ahead to rock Yueyang City wall.

这四句诗描述了八月洞庭湖的壮丽景观，诗歌第二句中的"混"字用得十分巧妙，将洞庭湖水天一色、天水相连、边界模糊的意象描述得十分到位，译文中的"melt into"有"融入，融化进去"的意思，体现了"混"字的特点；第四句中的"撼"字也是很有表现力的动态意象，译文中的"rock"一词很好地传递了该字的气势和意境。这两个动词的翻译很好地展现了原诗的神韵，给听者以强烈的美学感受。

二、释译法

这种翻译方法适用于蕴含历史典故或其他背景故事的诗词翻译，因为是背景，所以听者可能不太了解，需要口译员另外解释，帮助听者理解诗歌的文化内涵。

例如，唐朝诗人白居易《长恨歌》中的几句诗："七月七日长生殿，夜半无人私语时。在天愿作比翼鸟，在地愿为连理枝。"这段话讲的是中国古代的帝王唐玄宗与妃子杨玉环的爱情故事。他们曾在七月七日的深夜时分，为他们的爱情宣誓，发誓只要他们俩的爱情坚如磐石，分开只是暂时的，二人就总会有重逢的时刻。这句诗中提到的七月七日是中国传统文化中的一个重要节日，这个节日来自中国的一个神话传说：传说织女是天上的仙女，牛郎是一个普通的凡人，他们相亲相爱，但是他们的爱情受到了天庭的阻拦，天上的神仙王母娘娘在他们之间设立了一道银河，每年的七月七日他们才能见上一面。他们的爱情成为了忠贞爱情的象征，因此，唐玄宗和杨玉环也选择这个夜晚表达对爱情的坚定不渝。因此可以对七月七日这个日期加上一些解释性的翻译：

译文：A folk tale says the Herdman and the Weaver loved each other　and married，but God didn't agree their union and separated them on either side of milky way and they c ould meet once a year across the bridge　formed by magpies on the seventh of the seventh month.

译文大意：民间传说牛郎与织女彼此相爱但他们的爱情不被天神认可，天神设立银河将二人隔开，天神规定每年的七月七日二人才能见上一面。喜鹊被二人的爱情感动，为他们搭桥，助二人见面。

又比如，有些古诗词及其作者在中国是十分有名的，因为中国十分注重对古诗词的传承和教育，但目的语听者却因为社会文化背景的原因对此毫不知情，这时就需要对诗词的作者背景和相关文化信息进行解释性的翻译，让听者更好地理解诗词。例如：

原文1："少年易学老难成，一寸光阴不可轻。"这是朱熹的诗句。

译文1："Growing old is easy for a young person, but scholarship is difficult. Therefore one must treasure every moment of life."
This is a poem by the famous Song– dynasty scholar Zhu Xi.

因为古诗词也属于语言知识，也会受上下文语境的限制和影响，因此，口译员在翻译时还应结合上下文语境或交际语境，打破诗词特殊语言形式的限制，采用解释翻译的方法传递诗词的源语意义。例如：

原文2：有些事情正像你所说的，山重水复疑无路，柳暗花明又一村。

译文 2：Just as you said, and I think I can also give another line to the effect that after encountering all kinds of dif ficulties and experiencing all kinds of hardships, at the end of the day, we will see the light at the end of the tunnel.

原文 2 中的"山重水复疑无路，柳暗花明又一村"出自宋朝诗人陆游的《游山西村》，本意是描述诗人在旅途中本来还因为山峦重叠和水流曲折而担心无路可走，忽然景色变化"柳绿花红"眼前又出现一个小山村；比喻世间的事物消长变化，在逆境中其实蕴含着无限希望。这句诗也出自总理记者招待会，表达了总理对中国经济发展充满信心，对未来充满希望。

三、意译法

中国的古诗词中有很多具有文化特色的表达方式，这种表达方式直接翻译对于目的语听者来说可能会影响他们的理解效果。根据释意理论提出的"口译员应脱离源语语言外壳的限制，传达源语所蕴含的意义"观点，口译员可适时地采取意译的翻译方法，例如：

原文 1：香港是近水楼台先得月。

译文 1：Hong Kong stands to be the first to benefit from such arrangement thanks to its unique strengths.

这句话出自李克强总理谈在香港实行债券通政策的表述，"香港是近水楼台先得月，这有利于维护香港国际金融中心的地位……"。其中"近水楼台先得月"是宋朝的一句诗词，原诗为《断句》："近水楼台先得月，向阳花木易为春。"

这两句诗的意思是建在距离水边特别近的楼台能比其他地方先看到月亮的投影；而面向南方，沐浴着阳光的花木（由于光照原因生长态势要比其他地方的草木好），最容易形成春天般欣欣向荣的景象；后用来比喻由于接近某些人或事物而能比别人早一步得到某种便利。用在此处，口译员需考虑到该诗词给目的语听者带来的理解困难，因此其选择把这句话想表达的"意义"翻译出来。

与此同时，释意理论的翻译评价标准注重文章意义上的等值，认为译文应忠实于原作的风格，在体裁上保持与原文一致，在美学感受上尽量给听者以同样或类似的美学感受。这个理论应用到诗词翻译上，就是要求口译员在采用意译法翻译诗词意境的同时要考虑诗词的"音美"和"形美"。"音美"指诗词的韵律和节奏；"形美"主要指诗歌的用词、体裁、句子结构、表现手法等。诗词的"音美"和"形美"的翻译帮助保持诗词的神韵，让目的语听者通过诗词的神韵感受诗词传递出的意境、艺术魅力和诗人的情感。例如，唐代诗人李白的《早发白帝城》：

早发白帝城

李白

朝辞白帝彩云间，

千里江陵一日还。

两岸猿声啼不住，

轻舟已过万重山。

Departure from the empire town at dawn

Li Bai

Bidding the town farewell when morning clouds hang low ;

A long trip through canyons I made in a mere day .

Monkey cries were heard on either bank all through the day ;

While the boat passed by mountains in a low.

译文在诗歌的一、三句和二、四句分别押韵，在句式上对仗工整，保持了原诗的韵律特点和体裁风格。又如唐代诗人刘禹锡的《竹枝词》：

竹枝词

刘禹锡

杨柳青青江水平，

闻郎江上唱歌声。

东边日出西边雨，

道是无晴却有晴。

My Gallant's Love（Tune: " Bamboo Branch Song "）

Liu Yuxi

Between the willows green the river flows along，

My gallant in a boat is heard to sing a song．

The west is veiled in rain, the east enjoys sunshine，

My gallant is as deep in love as day is fine.

这首诗的译文形式工整精巧，采用英文诗歌中 AABB 的押韵方式，传递了原诗的音韵美和形式美。

四、省译法

旅游文本中的诗词翻译是景点介绍中的难点，有些诗词按照直译的方法翻译，不仅不能体现诗词的韵味，反而可能让外国游客有种不明其意的感觉。考虑到中西方思维方式和审美逻辑方面的差异，中国的导游对汉语旅游文本中引用的诗词还可以采用省译的翻译策略。请看下面的例子：

原文 1：在我国最早的典籍中，即有有关这条河的记载。《尚书·禹贡》："漆沮既从，沣水攸同"，《诗经·大雅》："沣水东注，维禹之绩"，说明沣水在远古就是一条著名的河流。

译文1：Records about this river can be found even in the earliest Chinese classics, which proves that the Fenghe River has been well-known since ancient times.

原文 2：素有"京东第一山"美称的盘山，历史上曾被列为中国十五大名胜之一。清乾隆帝曾二十八次游览此山，赞叹"早知有盘山，何必下江南"。景区自然风光秀丽，人文古迹众多。

190

译文2：Renowned as "the first mountain to the cast of Beijing", Mount Pan has beautiful scenery and numerous historical relics, listed as one of China's 15 major historic attractions. Emperor Qianlong of the Qing Dynasty visited it 28 times and praised it as a marvel.

原文 1 和原文 2 中的"漆沮既从，沣水攸同""沣水东注，维禹之绩"及"早知有盘山，何必下江南"如果直接译出，定会给英语读者造成一定的理解困难，那么翻译就起不到很好的宣传作用，所以均省略不译，使译文明白晓畅，达到了功能对等。

五、直译 + 意译法

中国古诗词尤其是词的构成方式较为复杂，因此，在翻译时有时需要采用两种翻译方法结合的策略，如直译法和意译法相结合。请看元代词人马致远的《天净沙·秋思》译作。

天净沙·秋思

马致远

枯藤老树昏鸦，

小桥流水人家，

古道西风瘦马，

夕阳西下，

断肠人在天涯。

Autumn Thinking–to the tune of Sky Scours Sand

Ma Zhiyuan

Withered vines, olden trees, evening crows;

Tiny bridge, flowing brook, hamlet homes;

Ancient road, wind from west, bony horse;

The sun is setting,

Broken man, far from home, roams and roams.

这首词的译文先是采用直译法对一些简单的意象如枯藤、老树、黄昏时刻的乌鸦进行了刻画，交代了诗词画面发生的时间和地点；第二句直译小桥等意象表达了诗人对家庭生活的向往；第三句通过瘦马、西风形象暗示漂泊在外的孤独旅人形象；第四句开始采用意译法，其所描述的夕阳西下景象加深了整首诗的凄凉感；最后一句点题，为听者展现了一个郁郁不得志的游子形象。该译文虽然字数不多，但翻译得却十分传神，同时展现了原作的节奏感和意境美。

六、句式重组法

释意理论提出翻译的评价标准之一就是翻译要具有忠实性，实现忠实性的要素之一就是译者必须脱离源语言的表达方式，用符合译入语表达习惯的方式表达源语言的篇章意义。此外，译者在翻译过程中还要发挥一定的创造性来实现对译文意义的忠实性，即在理解了篇章的意义之后，译者可以用自己认为恰当的方式进行创造性的表达。

中国古诗词中有些动词的含义和该动词在塑造诗歌意象上发挥的作用离不开整个句子的表达，在这种情况下，口译员就不能采用直译法生硬地翻译动词，而是必须考虑如何脱离字词原有的表达方式，用符合译入语表达习惯的方式创造性地叙述原诗句想要表达的内涵和营造的意境。具体的操作方法就是适当地改变动词的词性，打乱原诗的句子结构，改变表达的形式，将动词放在新的句子中。这种方法可以归类到句式重组法中。例如，李白的《望天门山》：

望天门山

李白

天门中断楚江开，碧水东流至此回。

两岸青山相对出，孤帆一片日边来。

Viewing the Tianmen Mountains

LiBai

I can see the Yantze cut,

As my boat reaches Tianmen Mountain;

The green water running east,

Turns here in a fierce whirl.

Green ranges of the mountain,

Rush toward me on both sides of the river;

A single sail bends with the wind

Where the sun comes up on　the water.

该译文打乱了原诗总共四句、每句七个字的句式结构，在理解原诗的基础上，将原诗中描述的天门山的瑰丽景象用八句话表达出来，抓住了原诗中的重点动词进行翻译，如原诗第三句中的"出"被翻译为"rush towards"（朝……冲过去）；准确地再现了天门山恢宏壮大、雄伟磅礴的气势和生机盎然的景色，意境深远，内涵丰富，翻译得当。

第三节　中国成语与古语的译法

成语以及古语同古诗词一样，具有丰富的文化内涵。在跨文化交际活动中，特别是在外事活动中，国家领导人和外交部发言人经常使用成语或古语回答记者的提问，表达自己的思想。成语和古语的口译因而十分重要。

一、成语的口译方法

（一）直译法

采用直译法翻译成语，既能忠实于成语本身阐述的内容，又能保持源语言生动的风格，对于口译员来说是一个不错的选择。例如：

原文 1：在这个时候，如果有人想兴风作浪、再生事端，不仅不得人心，也将遭到地区国家的共同抵制。

原文 2：去年在同样的场合您曾经说过，中国政府会继续下定决心推动壮士断腕的改革……

译文 1：At this moment, if someone should try to make waves and stir trouble, then he will have no support but meet the common opposition of the entire region.

译文 2：Mr. Premier, in this news room last year you said China was determined to press ahead with reform that would be as painful as taking a knife to one's own flesh, …

原文 1 中的"兴风作浪"原指神话传说中的妖怪施展法力、掀起风浪，后用来比喻煽动情绪、挑起事端，是个贬义词。对于毗邻大海，从事渔牧业的西方国家而言，应该能引起共鸣，所以口译员将其翻译为"make waves"。

原文 2 中的"壮士断腕"原指勇士手腕被蝮蛇咬伤，就选择立即截断，以免毒性扩散全身，造成更大的危害；后比喻做事要当机立断，不可迟疑。这种决心在西方文化中也很有辨识度，因此，口译员根据字面意思将其翻译为"as painful as taking a knife to one's own flesh"，节约了口译员的精力，缩短了口译工作的时间。

其他成语直译的例子还有：

彻夜不眠——stay up the whole night

一语道破 / 一语中的——hit the mark with a single comment

一针见血——hit the nail on the head

眼不见，心不烦——out of sight, out of mind

（二）意译法

一些汉语成语具有鲜明的民族特色，基本上不可能通过直译法保留原来的风格和喻体，此时口译员适合采用意译法简洁有效地传递成语的喻义。例如，成语"初露锋芒"采用直译法翻译为"show primarily one's blade"，这样的翻译只会给听者带来疑问：为什么要露出刀刃？露出刀刃想做什么？但其实成语中的"锋芒"是喻指一个人的才能或者力量，因此，该成语可以采用意译法翻译为"show primarily one's talent"。更多的例子如下所示：

眉飞色舞——beam with joy

落花流水——be shattered into pieces

有条不紊——in perfect order

倾城倾国——to be extremely beautiful

四分五裂——fall apart/be all split up/disintegrate

罄竹难书——（of crimes）too numerous to mention

需要注意的是，有一部分成语既可以直译，又可以意译，译文各具特色，口译员可以根据交际时的具体语境和对时间精力的安排选择适合自己的方法。

（三）省译法

省译法是指在目的语译文中省略部分成语的内容，虽然省译法在译语的形式或内容上可能有所缺失，但足以表达成语的喻义。例如：

原文：现在美国正在举行大选，很热闹，吸引眼球，但是不管花落谁家，最后谁当总统，我相信中美关系向前发展的大势不会改变。

译文：As for the on going general election in the US, it has been lively and has caught the eyes of many. I believe that no matter, in the end, who gets into the White House, the underlying trend of China–US ties will not change.

在中国的成语文化中，在对一场比赛或某种竞争的结果未知的情况下，问"花落谁家"就是问谁是获胜一方，"花落谁家"常用于体育比赛项目、文艺颁奖晚会等。口译员应考虑目的语听者对中国文化认知不足的现实，结合成语使用的上下文环境"最后谁当总统"（和"花落谁家"表达的意思相同），选择省译的翻译策略。最后的译语言简意赅，并无意义上的缺失。其他成语省译的例子还有：

自吹自擂——blow one's own trumpet

能工巧匠——skilled craftsman

称兄道弟——call each other brothers

赤手空拳——to be bare-handed

心慈手软——soft-hearted

（四）直译法 + 释译法

一些典故类的成语蕴含丰富的文化信息，例如"东施效颦""班门弄斧"等。对于这类成语的翻译，采用直译法容易造成听者的理解问题，采用意译法又可能造成汉语独特文化内涵的缺失，因此对于这类成语，口译员应选择直译法和释译法相结合的翻译策略。例如：

班门弄斧——show off one's proficiency with the axe before Lu Ban, the master carpenter。

刻舟求剑——carve a mark on gunwale in moving boat where a sword was lost——disregarding the changing circumstances

像"班门弄斧"这类带有人名的成语，如果在翻译时不向目的语听者解释鲁班的身份，那么大部分听者就会产生疑问：谁是鲁班？为什么要在鲁班面前耍斧子？所以口译员可以用同位语的形式解释一下鲁班的身份。在"刻舟求剑"这个成语中，加上"无视环境的改变"这个解释有点题的作用，可以让听者瞬间理解这个成语的喻义。以下是用直译法结合释译法翻译成语的其他示例：

木已成舟——the wood is already made into a boat——what's done is done

杞人忧天——like the man of Chi who was haunted by the fear that the sky might fall——unnecessary anxiety

画龙点睛——bring the painted dragon to life by putting in the pupils of its eyes——bring out the crucial point

三顾茅庐——have visited the cottage thrice in succession——to call on sb. repeatedly

二、古语的释译法

古语是古代流传下来的格言警句，一般出自中国文学史上的典故或典籍，蕴含着深厚的文化内涵。翻译古语的重点是翻译其中隐藏的深层含义。因此翻译古语主要采用释译法。例如：

原文1：召远在修近，闭祸在除怨。

> 译文1：To win distant friends, one needs, first of all, to have good relations with his neighbors. To avoid adversity, one needs to ease animosity.

"召远在修近，闭祸在除怨"被用于2007年的总理记者招待会，这句话出自中国典籍《管子·版法》，大意是"要招纳远方的人们，就要先管理好近处的民众；要避免祸乱的发生，就要先消除人怨"。口译员在翻译"除怨"一词时并没有按照字面意思将动词"除"翻译为"eliminate"或"erase"，而是在深入理解这句话的时代含义后将"除"释译为"ease"，充分发挥了口译员的创造性，实现了源语意义的等值。

原文2：知我罪我，其惟春秋。

> 译文2：There are people who will appreciate what I have done, but there will also be people who criticize me. Ultimately, history will have the final say.

"知我罪我，其惟春秋"被用于2012年的总理记者招待会，这句话来自中国典籍《孟子》，原文的大意是"我写的《春秋》这本书，后人一定会褒贬不一，各有说辞，但我只要认为做这件事是对的，是有价值的，不论别人如何评论，我都会坚定不移地做下去"。此处温总理引用这句话来评价自己在任期的表现。口译员遵循翻译的忠实性原则，采用释意翻译的方式将动词"知"和"罪"准确地翻译为"appreciate"和"criticize"两个对立词；同时将"春秋"解释为总理的工作表现，翻译为"what I have done"，生动又传神。

第四节　中国俗语与谚语的译法

上文曾说过俗语和谚语都是习语的重要组成部分。俗语和谚语有相似之处，如基本都是通过口口相传的形式传承下来的，大多反映了劳动人民的生活经验与美好愿望。但二者也有一些区别，如谚语重在揭示事物或现象发展的客观规律，具有很强的知识性和哲理性，一般出自集体创造，更具文学化和精练的特点，如"瑞雪兆丰年""春雨贵如油"；俗语经常被用作语言学的术语，是广泛流行的定型的语句，具有口语性和通俗性，来源更加广泛，和诗词名句、历史典故、格言警句也有关系，如"纸老虎""硬骨头""八字没一撇"等。

一、直译法

一些俗语的表达内容在西方文化中也容易被理解，或者有时目的语听者可以根据上下文语境推断其含义，此时我们可以采用直译法进行翻译。例如：

原文1：所谓打断骨头还连着筋，同胞之间、手足之情，没有解不开的结。

> 译文：Bones may be broken but not sinews because we are fellow compatriots. Between us, there is no " knot " that cannot be untied.

"打断骨头还连着筋"比喻亲人之间情意深重，即使有时出现了矛盾，导致双方之间的关系不如以前亲密，但亲情是难以割断的。这句话的表达独具汉语特色，但结合上下文语境中的"同胞之间、手足之情"，目的语听众不难理解这句话的意义，所以口译员可以将其翻译为"Bones may be broken but not sinews"。

原文2：人们不是常说"人在做、天在看"吗？

> 译文2：People used to say that as "man is doing, heaven is watching".

"人在做、天在看"这句汉语俗语表达的字面意思是上天在看着人们的一举一动。隐藏的含义就是世间万物互相联系，做好事有好的结果，做坏事就会招来报应。口译员采用直译的方法翻译能忠实地传递原文的信息，并且"watching"有监督之意，更能体现"heaven"的权威与震慑力。

原文3："天棚鱼缸石榴树，先生肥狗胖丫头"，这是形容生活在北京四合院里小康人家生活的最好写照。前半句说的是这里的环境和建筑，多为固定之物。而后半句说的是这里的各种生物，让人感到院内个个富态、笨拙，有强大的生命力。

> 译文 3：There is a saying that goes as follows： <u>An awning, a fish globe, and a</u> <u>pomegranate tree; a gentleman, a fat dog and a plumpy girl</u> ，the vivid portrait of the well-to-do life in a courtyard house of Beijing. The first half tells of the surroundings and　architecture of the courtyard house while the latter half tells of the living things there that are lively and lovely.

"天棚鱼缸石榴树，先生肥狗胖丫头"是十分具有北京文化特色的俗语，这句俗语通过对不同意象的描述，展现了老北京四合院中人们的幸福生活。口译员采用直译的翻译方法将这些意象一一陈述出来，这种表达方式类似西方文学中的意象派诗歌，目的语听者根据下文语境能够理解其含义。

二、意译法

还有一部分俗语直接按照字面意思翻译不容易被理解，这部分俗语往往使用了比喻、夸张等修辞手法，表达生动形象，让人印象深刻。采用直译法不仅会使译语失去原来的文化特点，可能连基本的含义都无法表达，因此可以选择意译的翻译方法。例如：

原文 1：我顿感打入冷宫，十分郁郁不得志起来。

> 译文 1：I suddenly <u>found myself in disfavor</u> and became very depressed.

"冷宫"是中国文化中皇帝为失宠或犯错的妃子安排的住所，现在用来比喻存放一些不常用的东西的地方或者不受人关注的地方。结合上下文语境，可以看出此处的"打入冷宫"就是指人不再被重视，因此如果直译为"cold palace"肯定会让目的语听者感到费解，只能采用意译法 翻译为 loss of favor，out of favor，in disfavor，fall into disgrace，be neglected 等。

原文 2：不要让孩子只知道"头悬梁，锥刺股，死读书，读死书"。

译文 2：Don't encourage the students grind away at their studies and learn their text book by rote.

"头悬梁，锥刺股"来源于中国古代学子勤奋学习的历史典故，指学生在学习又累又困时为了防止自己睡着，特地用尖锐的锥子扎自己的大腿，以提高精神和注意力，继续学习。这本来是一句赞美学生刻苦学习精神的俗语，但结合下文的"死读书，读死书"，口译员就应该意识到此处这个俗语是具有批评含义的，因此应采用意译法，用通俗易懂的表达方式解释看似复杂的俗语。

原文 3：科学同艺术之间的关系一直是剃头担子一头热。

译文 3：The relationship that science keeps with art has long been that of one -sided enthusiasm .

"剃头担子一头热"最开始描述的是中国旧时的理发匠所挑的担子。担子一头挑着理发用具，一头挑着洗头发用的热水，两头一热一冷，具有鲜明文化特色，后用来比喻一厢情愿。此处因目的语听者对"剃头担子"这一中国文化的意象并不了解，所以采用意译法翻译为"one-sided enthusiasm"比较简洁形象。与之类似的例子还有：

现实占有，败一胜九。

Possession is nine points of the law.

情人眼里出西施。

Love is blind.

家规再严，事端难免。

Accidents will happen in the best-regulated families.

强盗发财充绅士。

A thief passes for a gentleman when stealing has made him rich.

只工作不玩耍，聪明孩子也变傻。

All work and no play makes Jack a dull boy.

雨小浥大尘，材小资大用。

Small rain lays great dust.

小洞不补，大洞吃苦。

A small leak will sink a great ship.

出口的话，铸成的塔。

Live up to one's words.

落后就要挨打。

Laggards are beaten.

不是鱼死，就是网破。

It is a life–and–death internecine struggle.

不是冤家不聚头。

Rivals meet up sooner or later.

三、释译法

针对文化内涵丰富、表达方式各异的俗语，舍弃原来的具体表达方式和比喻形象，采取适当解释的办法来传达原文的含义是口译员非常常用的翻译策略。例如：

原文 1：西湖在杭州市区的中部，面积约 6.03 平方公里。沿湖四周，花木繁茂；群山之中，溪泉竞流；亭台楼阁，交相辉映；湖光山色，千古风情，令多少人流连忘返。"上有天堂，下有苏杭"的赞语真是恰如其分。

译文 1：Situated in the west of Hangzhou, the West Lake covers 6.03 square kilometers. The causeways, bridges, pavilions , springs, trees and flowers in and around the Lake make it a paradise on earth , where one can ' t tear himself away.

这段话出自旅游文本中对杭州西湖的景色介绍，口译员对赞美杭州景色的俗语"上有天堂，下有苏杭"采取了解释性的翻译方法，符合目的语听者的思维习惯。如果采用直译法翻译为"There is a heaven above and Suzhou and Hangzhou on the earth"，把苏州的名称放在译文里，又会引起听者的疑问，难免又要多一番解释，且会显得译文非常啰唆。

原文 2：但是我们也听到有一些民营企业认为，政府对非公经济的支持是雷声大、雨点小，实际过程当中有很多民间投资还会面临有形或者无形的障碍，似乎"玻璃门"的现象并没有得到有效解决。

译文 2：However, it is also the view of some privately run enterprises in China that they have heard <u>loud thunders but seen few rain drops in terms of the central government's support for the nonpublic sector or much said but little done.</u> And those businesses still face a lot of visible or invisible obstacles in their operation and the problem of the so-called " glass door" has not been well addressed.

在这个例子中，"雷声大、雨点小"是人民群众根据日常生活中对天气变化的观察总结出来的俗语，喻指做某件事声势浩大但没有看见什么行动。此处口译员先将"雷声大、雨点小"这一俗语的字面意思翻译出来，随后又根据自己的理解，结合上下文语境，对俗语的内在含义进行了解释和补充说明，既忠实地传达了文化意象，还形象地转达了讲话者的意思。请看其他示例：

原文 3：真是高手在民间啊，破茧就可以出蚕。

原文 4：行使权力不能打小算盘。

译文 3：I believe there are a lot of people with brilliant talent among the people, and <u>we must lift all the restrictions so that they can put their talent to good use</u> .

译文 4：There should be no practice of <u>making calculating moves for personal gains.</u>

四、借译法

无论是俗语还是谚语都可以采用借译法参考目的语中意义相同或相近的表达方式进行翻译，这种方法能迅速使目的语听者理解源语想要传递的信息或表达的内涵。例如：

原文 1：中国有句俗话，"赶得早不如赶得巧"，赶上地坛庙会那就是巧合，这里蕴含着浓郁的京味文化，叫北京人与外地人都喜爱。

> 译文 1：A Chinese saying goes, "Timing is everythin" and this applies to the Ditan Temple Fair(a temple fair held in th e Park of Earth Temple), at which you will find everything concerned with culture of Beijing. Both insiders and outsiders of Beijing enjoy it.

"赶得早不如赶得巧"来自"来得早不如来得巧"，意思就是来再早都没什么用，不如来得正是时候。形容来得时间非常好，正好赶上某个活动。英语文化中正好有类似的表达——"Timing is everything"，意思是时机就是一切，强调了做事要抓准时机，见机行事，符合源语想要表达的含义。

原文 2：即使在发生冲突的情况下，也可以化干戈为玉帛。

> 译文 2：Even in the case of conflicts, we would always beat swords to ploughs .

"化干戈为玉帛"是地道的汉语表达习惯，"干戈"原指打仗，"玉帛"是玉器和丝织品的代称，是中国古代诸侯会盟朝聘时会带的礼品。"化干戈为玉帛"的意思就是把原来的战争变为友好的结盟、和平的相处。若直译起来，"干戈"和"玉帛"很难被目的语听者理解，还要解释这一典故，难免比较麻烦。英语中"beat swords to ploughs"这一短语的意思是将铁剑打制成铁犁，暗指人们不再动用武力，而是开始进行农业生产建设了，跟"化干戈为玉帛"有异曲同工之妙，因而可以代指源语的语用意义。

原义 3：冰冻三尺非一日之寒，我们今天所取得的成绩是改革开放三十多年来全体中国人民共同努力的结果。

> 译文 3：Rome was not built in one day . The achievements we have made today should be attributed to the joint efforts of all Chinese people over more than thirty years of reform and open in g up.

"冰冻三尺非一日之寒"的字面意思是寒冰冻了三尺并不是一天的寒冷就能达到的效果，比喻某种情况的形成是经过长时间的积累才能使量变达到质变。如果直译为 "thick ice can not be formed in one cold day"，部分目的语听者可能也可以理解，但如果用 "Rome was not built in one day" 这句英语表达中十分常见的谚语来翻译，目的语听者不用经过长时间思考就能明白讲话者想要表达的意思。口译员对两种语言文化知识的熟练掌握、融会贯通是使用借译法的前提，借译法既能提高跨文化交际的效率，又能节省口译员的时间和精力。以下是使用借译法翻译谚语的其他示例：

平时不烧香，临时抱佛脚。

Worship God every day; not just in times of adversity.

英雄所见略同。

Great minds think alike.

为人不做亏心事，夜半敲门人不惊。

A quiet conscience sleeps in thunder.

天无绝人之路。

God never closes one door but he opens another.

久别胜新婚。

Absence makes the heart grow fonder.

谋事在人，成事在天。

Man proposes, God disposes.

自助者，天助之。

God helps those who help themselves.

人要衣装，佛要金装。

Fine feathers make fine birds.

天下无不散之筵席。

All good things must come to an end.

一次被火烧，二次避火苗。

A burnt child dreads the fire.

鹬蚌相争，渔翁得利。

Two dogs for a bone, and the third runs away with it.

无风不起浪。

There is no smoke without fire.

有志者事竟成。

Where there is a will, there is a way.

新官上任三把火。

New brooms sweep clean.

参考文献

[1] 韦长福，林莉，梁茂华. 汉越口译理论与实践 [M]. 重庆：重庆大学出版社，2017.

[2] 江晓梅. 英汉口译理论与实践 [M]. 武汉：武汉大学出版社，2013.

[3] 沈国荣，李洁. 口译理论与实践：同声传译 [M]. 郑州：河南人民出版社，2010.

[4] 鲍刚. 口译理论概述 [M]. 北京：旅游教育出版社，1998.

[5] 谢葆辉，蔡芳. 口译理论与实践 [M]. 南京：河海大学出版社，2006.

[6] 杨馨，朱彦臻，田申. 英语翻译理论与方法研究 [M]. 长春：吉林人民出版社，2019.

[7] 康志峰. 英语口译理论与实践技艺 [M]. 上海：华东理工大学出版社，2007.

[8] 潘能. 英语口译理论、技巧与实践 [M]. 西安：西安交通大学出版社，1994.

[9] 李芳琴. 新世纪口译理论、技巧与实践 [M]. 成都：四川人民出版社，2002.

[10] 赵硕. 现代口译理论与实践 [M]. 北京：光明日报出版社，2017.

[11] 谈娇. 释意理论角度下的诗词交替传译技巧——以张璐的诗词交传为例 [J]. 汉字文化，2021（22）：122-123.

[12] 陈旭. 奈达的对等理论及其在网络流行语翻译中的应用 [J]. 今古文创，2021（41）：106-107.

[13] 吴林香. 从释意理论看字幕翻译中"脱离源语外壳"现象 [J]. 海外英语，2021（19）：218-219.

[14] 罗晓语，吴斐. 释意理论下商务英语口译中文化意象翻译策略 [J]. 湖南工程学院学报（社会科学版），2021，31（3）：55-60.

[15] 付亚茹，陆敏. 释意派理论指导下的口译步骤与口译技巧研究 [J]. 产业与科技论坛，2021，20（18）：188–189.

[16] 潘美琪. 浅析交替传译中汉语文化负载词的英译 [J]. 大众文艺，2021（13）：148–149.

[17] 李潘豪，陆敏. 释意理论视角下的中国古诗文口译研究 [J]. 海外英语，2021（9）：175–176.

[18] 杨雅婷. 释意理论视角下石油科技英语翻译研究 [J]. 开封文化艺术职业学院学报，2021，41（4）：61–63.

[19] 胡朋，陆敏. 释意理论指导下口译员跨文化交际能力的培养 [J]. 海外英语，2021（7）：147–148.

[20] 王钊东. 试论释意理论对科技翻译的启示 [J]. 名作欣赏，2021（9）：163–164.

[21] 李泽铭. 释意理论角度下法律口译分析——以甘肃省第一届法律与科技国际学术会议安德鲁教授发言稿为例 [J]. 海外英语，2021（2）：48–49.

[22] 顾民章. 释意理论在文学翻译中的体现——以孙致礼《诺桑觉寺》（节选）译本为例 [J]. 开封文化艺术职业学院学报，2021，41（1）：69–70.

[23] 刘敏，陆秀英. 释意理论视角下法庭口译汉英术语翻译方法探究 [J]. 海外英语，2020（19）：171–172.

[24] 秦慈枫，余青. "交际释意理论" 在 "导游口译" 课程教学中的运用 [J]. 北京印刷学院学报，2020，28（8）：114–117.

[25] 刘玥，兰杰. 释意理论视域下习近平进博会开幕式讲话的口译策略研究 [J]. 海外英语，2020（15）：179–180+211.

[26] 侣静恬，刘著妍. 释意理论下电影字幕中文化负载词的翻译策略——以《风语咒》为例 [J]. 今古文创，2020（25）：78–80.

[27] 李晓健. 释意理论在字幕翻译中的应用——以美剧《致命女人》为例 [J]. 今古文创，2020（24）：95–96.

[28] 刘昕玥. 释意理论视角下《一生》两个中译本对比 [J]. 经济师，2020（6）：208–210.

[29] 李若珺. 释意理论视角下文化负载词的口译策略探讨——以 2018–2019 "两会" 记者会为例 [J]. 现代商贸工业，2020，41（18）：202–203.

[30] 陈杰. 释意理论视角下的文化负载词的翻译 [J]. 今古文创，2020（20）：91–92.

[31] 刘昕玥. 释意理论视角的文化对等研究——以《长干行》法译本为例 [J]. 现代交际，2020（9）：86-87.

[32] 施敏. 释意理论在财政新闻口译中的应用——以"国家统计局国民经济运行情况发布会"为例 [J]. 传播力研究，2020，4（12）：41-42.

[33] 王军，李安娜. 关联顺应理论与翻译教学 [J]. 现代交际，2020（6）：14-15.

[34] 夏楚怡，孙维. 中医口译的难点与处理策略探究 [J]. 大众文艺，2020（5）：160-161.

[35] 吴志萌. 认知心理学视角关照下的口译认知心理过程范式研究 [J]. 海外英语，2020（5）：234-235.

[36] 文静云. 释意理论视角下俄语导游口译技巧研究——以海南为例 [J]. 公关世界，2020（4）：127-129.

[37] 雷晶晶，李俊丽. 释意理论：文化翻译新途径 [J]. 辽宁广播电视大学学报，2020（1）：85-88.

[38] 钟芸芳. 习近平讲话、著作翻译研究现状的文献计量分析 [J]. 乐山师范学院学报，2020，35（1）：49-57.

[39] 张垚. 释意理论翻译三角程序在科技翻译中的具体操作模式 [J]. 鄂州大学学报，2020，27（1）：24-26.

[40] 刘庆雪，周珂璇. 高等专业院校中释意派理论视角下的工程英语口译教学对策研究 [J]. 中国多媒体与网络教学学报（中旬刊），2020（1）：180-181.

[41] 陈雪梅. 口译语义加工跨学科研究：认识论溯源 [J]. 山西大同大学学报（社会科学版），2019，33（6）：87-91.

[42] 凌聪聪. 浅析口译过程中影响理解的因素及其对应策略 [J]. 海外英语，2019（22）：29-30+62.

[43] 孙国栋，向慧. 口译中的笔记法教学困境及策略 [J]. 海外英语，2019（21）：152-153.

[44] 张梦原. 从释意理论看汉英会议口译中文化负载词的翻译——以习近平主席在第二届"一带一路"国际合作高峰论坛开幕式上的演讲为例 [J]. 新西部，2019（30）：116-117.

[45] 唐歌. 新生态主义翻译观下文化特色词汇的口译策略——以某国青年访华团来陕访问口译活动为例 [J]. 海外英语，2021（18）：58-59+69.

[46] 陈顺意.宗祠文化特色词的英译——以广州、东莞两地宗祠为例 [J].韶关学院学报，2021，42（7）：72-75.

[47] 马宸.浅析电台稿件中汉语文化特色词的翻译策略 [J].今古文创，2021（9）：106-108.

[48] 沈子璇，严馨雨，左春青，等.基于汉英平行语料库的《论语》文化特色词翻译研究 [J].海外英语，2021（2）：60-61.

[49] 唐舒航.模因仿造视角下文化特色词的英译策略及译名规范 [J].外国语言文学，2020，37（5）：531-541.

[50] 褚中胜，李小芳.生态翻译学视角下陕北羊饮食文化特色词的英译研究 [J].太原城市职业技术学院学报，2020（8）：194-195.

[51] 黄芳.文化外译视野下汉外词典文化特色词条释译考察研究——以"豆腐"为例 [J].法语国家与地区研究，2020（3）：39-46+92.

[52] 严苡丹.《红楼梦》满族民俗特色词英译策略研究——以霍克思译本为例 [J].黑龙江社会科学，2020（3）：119-123.

[53] 韩雪.茅盾文学奖作品中民族文化特色词汇的英译研究——以《额尔古纳河右岸》为例 [J].边疆经济与文化，2020（5）：99-101.

[54] 姜海英.跨文化传播视域下中文图书外译刍议 [J].出版广角，2020（5）：89-91.

[55] 郭婉玲，南红红.文化特色词中价值观的理想汉英翻译研究 [J].海外英语，2020（5）：168-169.

[56] 高至华.试论生态翻译视角下的中国文化特色词汇英文翻译 [J].英语广场，2020（6）：15-16.

[57] 王雪.关联理论视角下汉英口译中模糊语翻译策略研究 [D].呼和浩特：内蒙古大学，2021.

[58] 艾丽古琴.目的论视角下外交口译汉英交传策略研究 [D].呼和浩特：内蒙古大学，2021.

[59] 张玲艳.汉英交传中概念隐喻的口译策略探究 [D].呼和浩特：内蒙古大学，2021.

[60] 潘志伟.目的论视角下汉英模拟交传中模糊语言的翻译策略 [D].大连：辽宁师范大学，2021.

[61] 雷久瑶. 中国特色表达汉英交传口译策略 [D]. 哈尔滨：黑龙江大学，2021.

[62] 潘璐. 翻译目的论视角下的文化负载词翻译研究 [D]. 北京：北京外国语大学，2021.

[63] 李抒来. 三维转换视角下汉英同传策略研究 [D]. 呼和浩特：内蒙古师范大学，2021.

[64] 王付婷. 汉英翻译的语篇连贯及实现策略 [D]. 上海：上海外国语大学，2021.

[65] 黄天星. 汉英交替传译中的脱壳不足问题及应对策略 [D]. 上海：上海外国语大学，2021.

[66] 周燕平. 汉英翻译中的语篇连贯和实现策略 [D]. 上海：上海外国语大学，2021.

[67] 刘言言. 功能加忠诚理论下文化负载词的汉英翻译研究报告 [D]. 北京：北京交通大学，2020.

[68] 宫麒. 顺应论视角下汉英交替传译策略研究 [D]. 呼和浩特：内蒙古师范大学，2020.